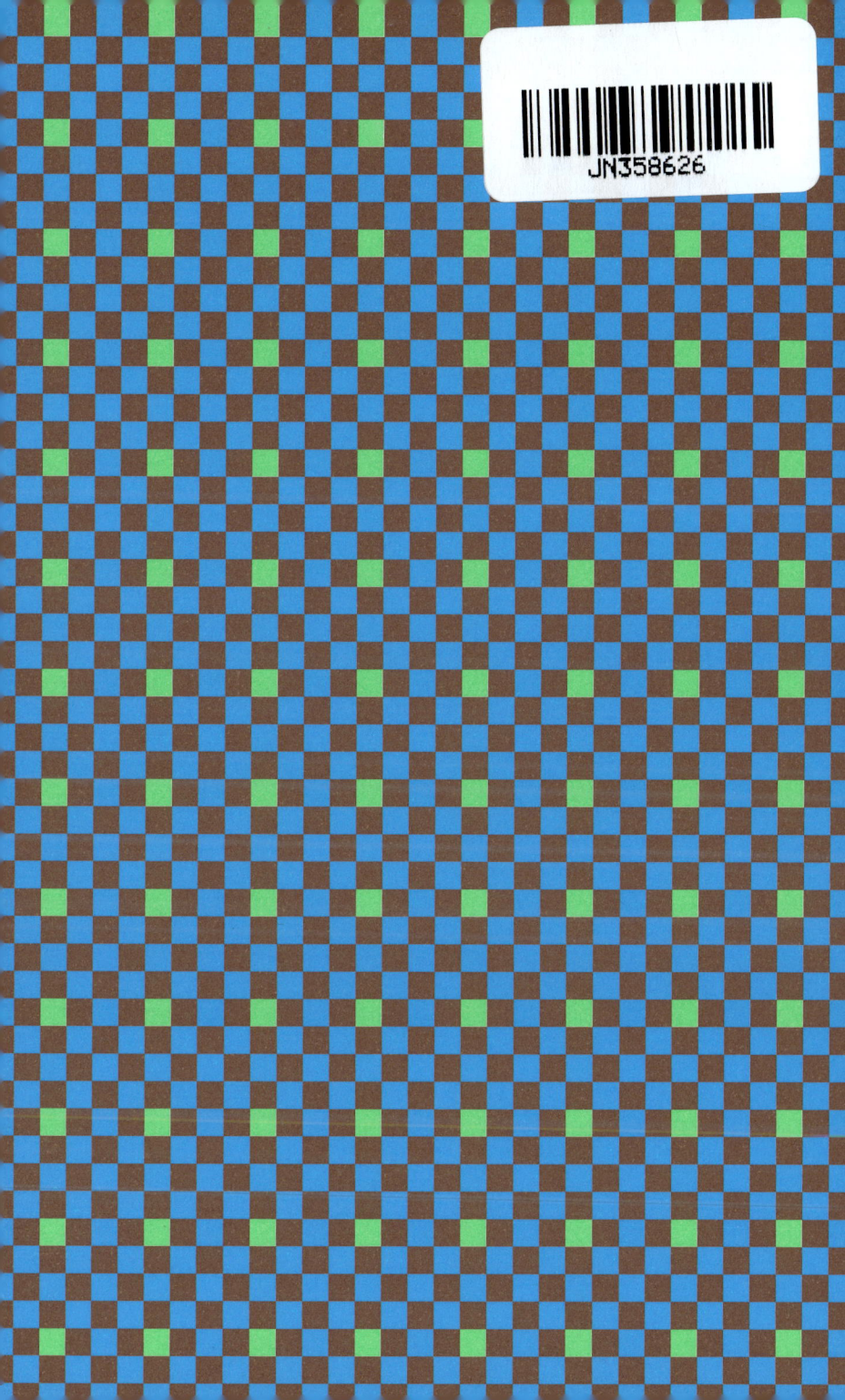

홍성남
신부님의
인생구원
상담소

끝까지 나를 사랑하는 마음

1판 1쇄 발행 2025. 9. 15.
1판 2쇄 발행 2025. 11. 14.

지은이 홍성남

발행인 박강휘
편집 임지숙 | **디자인** 박주희 | **마케팅** 김새로미 | **홍보** 강원모
발행처 김영사
등록 1979년 5월 17일(제406-2003-036호)
주소 경기도 파주시 문발로 197(문발동) 우편번호 10881
전화 마케팅부 031)955-3100 편집부 031)955-3200 | 팩스 031)955-3111

저작권자 ⓒ홍성남, 2025
이 책은 저작권법에 의해 보호를 받는 저작물이므로
저자와 출판사의 허락 없이 내용의 일부를 인용하거나 발췌하는 것을 금합니다.

값은 뒤표지에 있습니다.
ISBN 979-11-7332-326-3 03180

홈페이지 www.gimmyoung.com   **블로그** blog.naver.com/gybook
인스타그램 instagram.com/gimmyoung   **이메일** bestbook@gimmyoung.com

좋은 독자가 좋은 책을 만듭니다.
김영사는 독자 여러분의 의견에 항상 귀 기울이고 있습니다.

끝까지 나를 사랑하는 마음

홍성남 지음

김영사

김지수
《의젓한 사람들》,《이어령의 마지막 수업》 저자

단번에 한 호흡으로 읽었다. 《끝까지 나를 사랑하는 마음》이 지닌 치유의 전투력은 매우 놀라워서, 나는 이 책을 감히 심리 무협지라 부르고 싶다.

사람이, 이렇게까지 신랄하게 자기를 구원할 수도 있구나. 사람이, 이렇게까지 맹렬하게 타인을 구원할 수도 있구나. 치부와 치유의 길이 다르지 않음을 홍성남 신부는 삶으로 증명한다. 이를테면 '분노가 차오르면 샌드백을 쳐라' '기도하는 척 혼자 욕해라' '우울할 땐 화투를 쳐라' '새가슴으로 쫄지 마라' 같은 세속의 언어가, 어둡고 추운 영혼의 골짜기에 시원한 헤드라이트를 비춰준다.

문득 그런 생각이 들었다. 예수가 다혈질 베드로와 의심 많은 도마를 제자로 택했듯, 하느님이 젊은 날 무당까지 두루 섭렵한 홍성남을 신부로 부른 것은 신의 한 수였구나. 《성경》에 그토록 자주 등장하는 '두려워 말라'는 결국 '쫄지 마!'였구나. 불안과 자기 모멸에 시달리며, 상습적 강박에 사로잡힌 이들에게 일독을 권한다. 중언부언 기도보다 이 책 한 번 읽는 게 더 낫다.

추 천 사

조현
유튜브 '조현TV휴심정' 운영자,
〈한겨레〉 전 종교전문기자 및 논설위원

정말 이렇게까지 다 털어놓을 줄이야! 신부님의 진짜배기 고해성사를 듣는 것만으로도 사람들에게 치유가 될 거라고 말했는데, 결국 그의 삶을 통째로 갈아 넣은 인생 고백서가 탄생했다.
유튜브 '조현TV휴심정'은 마음과 수행 중심의 콘텐츠이다 보니 출연진 대부분이 스님이나 불교학자들이다. 그런데도 출연자 전체를 통틀어 가장 자주 등장하는 인물은 다름 아닌 가톨릭 사제, 홍 신부님이다. 그 이유는 그가 '지상 최고의 솔까'(솔직히 까놓고 말해서) 스타일로, 거침없이 하이킥을 날리는 분이기 때문이다.
종교는 지고의 진리와 영성을 담고 있지만, 많은 종교인은 자신이 속한 종교의 근본주의적 아성에 갇혀 있다. 마치 두꺼운 껍질에 들어 있는 거북이 같다. 그러나 홍 신부님은 그런 종교적 터부를 거침없이 깨부순다. 그래서 그와 만나 대화를 나누면 서너 시간은 기본이고, 7시간이 넘어가도 전혀 지치지 않는다. 마치 한여름 폭포수를 맞은 것처럼 시원하고 상쾌하다.
그토록 진솔한 이야기들은 '거룩함'과 '경건'이라는 철갑 속에 두려움을 숨기고 살아가는 이들에겐 감히 상상조차 할 수 없는 것들이다. 아마도 이처럼 속내를 거침없이 드러낸 종교인, 가톨릭 성직자의 고백은 전에도 없었고 앞으로도 쉽게 다시 보기 어려울 것이다.
홍 신부님의 진솔함 속에서, 독자들은 자신을 억누르던 두려움의 갑옷이 서서히 녹아내리는 것을 느낄 것이다. 누구나 할 수 없는, 자신의 가장 찌질한 모습까지 드러낼 수 있는 용기. 나는 그가 아낌없이 털어놓은 치부 속에서, 여전히 '껍질 속에서 두려움에 떨고 있는 이들'을 향한 너무도 고귀한 사랑을 느껴 눈물이 났다.

프롤로그

PROLOGUE

나에게는 나를 사랑할 분명한 이유가 있습니다

저는 한때 깊은 우울의 늪에 빠져 허우적거린 적이 있습니다.
가진 것은 없는데 욕망은 끝없이 치솟았고,
그 욕망은 언제나 파도처럼 저를 뒤흔들었습니다.
수없이 자학하며 외로움에 쫓겨 걸식하듯 방황했고,
쓰레기처럼 버려진 제 모습을 떠올리며
"저게 바로 나야"라고 중얼거리곤 했습니다.
하루를 버텨내는 것조차 힘겨웠고,
애쓰면 애쓸수록 더욱 깊이 우울의 늪에 빠져들었습니다.
그 시절은 다시는 돌아가고 싶지 않은 악몽이었습니다.

저는 오랫동안 '루저'라는 병적인 자의식에 사로잡혀 있었습니다.
"그거 가지고 되겠어?"
마음속 깊은 곳에서 들려오는 목소리에 끊임없이 시달렸습니다.
무엇을 이루어도, 누군가가 칭찬해주어도,
저 자신에게는 늘 불합격이었습니다.
"더 열심히 해야 해, 아직 멀었어!"
스스로에게 엄격하지 않으면 금방 교만하고
나태해질 거라 믿었습니다.

그래서 저를 끝없이 몰아붙이고 채찍질했습니다.

하지만 시간이 흐를수록 마음은 점점 황폐해졌습니다.
무엇을 해도 채워지지 않았습니다.
그것은 겸손함도 성실함도 아니었습니다.
저는 오래전부터 내 안에 도사리고 있던
괴물 같은 심리적 폭군의 노예로 살고 있었던 것입니다.
그 괴물의 정체조차 깨닫지 못한 채 말입니다.

괴물에게 시달리다 바닥까지 내려앉았을 때,
차라리 죽는 게 낫겠다고 생각할 즈음, 한 사람을 만났습니다.
어둡고 외로운 제 영혼에 손을 내밀어준 사람.
그는 심리 분석을 통해 제가 스스로를 바라보게 해주었고,
그동안 저를 지배해온 것이 하느님도 양심도 아닌
'병적인 초자아'라는 괴물임을 알게 해주었습니다.
그때부터 저는 내 안의 폭군을 몰아내고
진정한 나를 회복하는 작업을 시작했습니다.

이 책은 그 여정의 기록입니다.
깊은 우울 속에서 허우적거리던 한 사람이
내면의 폭군과 맞서 싸우며 자신을 찾아가는 이야기입니다.
만약 이 글을 읽고 있는 당신도 어딘가에서 외롭고
지친 마음으로 하루하루를 버티고 있다면,

PROLOGUE

저의 고백이 작은 밧줄이 되기를 바랍니다.

자기를 미워하지 말고 사랑해야 합니다.
그래야 비로소 자존감이 생기고,
자신을 믿는 마음이 자라납니다.
그러면 내 인생을 꽃피우고 싶다는 소박한 바람이 생기고,
신기하게도 크고 작은 기회들이 하나둘 찾아오기 시작합니다.

지금도 결코 늦지 않았습니다.
우리는, 누구나, 자유인이 될 수 있습니다.
저는 간절히 바랍니다. 저를 구원해주었던 누군가처럼,
이 책이 당신에게도 조용히 손을 내밀어
위로와 구원, 사랑의 시작이 되기를 말입니다.

**2025년 가을에
명동 가톨릭영성심리상담소에서
홍성남**

차례

프롤로그　나에게는 나를 사랑할 분명한 이유가 있습니다

1 홍성남, 나의 이야기

- (17)　열등감 덩어리, 찌질한 어린 시절 이야기
- (19)　사춘기, 고달프고 고된 시간
- (24)　청년 시절, 그저 도망치고 싶었던 나날
- (29)　삶의 끝자락에서 나를 붙든 목소리
- (31)　내 인생이 다시 시작된 날
- (37)　상담에서 얻은 첫 번째 선물, 나에 대해 알고 싶은 욕구
- (40)　상담에서 얻은 두 번째 선물, 내재아와의 만남
- (42)　상담에서 얻은 세 번째 선물, 심리적 해방
- (44)　상담에서 얻은 네 번째 선물, 달라진 인생 수칙
- (46)　내면세계를 보면서 느낀 소감

2 나는 내가 왜 미웠을까

- (51)　나를 학대하던 목소리를 마주하다
- (54)　양심을 가장한 괴물의 목소리, 넌 이기적인 놈이야
- (56)　두려움 없는 사람은 없다
- (59)　사내는 감정을 드러내지 말아야 해
- (62)　사람에게 정해진 팔자가 있을까
- (64)　존중받는 법을 배우지 못한 사람들
- (66)　실패할 거면 하지도 마
- (68)　사람이라면 당연히 해야지
- (71)　일등 아니면 의미가 없어
- (74)　너 혼자 해결해
- (77)　말 잘 들어
- (80)　사람들이 너를 알면 실망할 거야
- (83)　죽을힘을 다해야 성공한다
- (86)　겸손해야 해

(88) 올바르게 살아
(90) 이해득실을 따지지 말라
(93) 다 지난 일이야
(96) 모범생이 돼야 해
(99) 사람이라면 굳센 신념을 가져야 해

3 내 안의 보물을 발견하는 여정

(105) 내 인생은 내가 만든다
(107) 고통은 성장통이다
(109) 자기애는 어떻게 생겨나는가
(111) 기억에 남는 사람과 친절의 힘
(113) 있는 그대로 받아들여라
(116) 문제없는 인생은 없다
(118) 마음속 동굴
(120) 행복의 법칙에 대한 의문
(123) 삶의 위기는 전환점이 될 수 있다
(126) 우울함은 때로 약이 되기도 한다
(128) 내가 누구인지 질문하라
(130) 가끔은 죽음을 생각하라
(132) 도덕 지수와 성공
(134) 혼잣말의 중요성
(136) 어린 시절의 상처
(138) 10년은 해봐야지
(140) 멈추지 말고 일단 해봐
(142) 말의 위력
(144) 때로는 자기 앞날을 생각해보라
(147) 즐기고 싶은 욕구 충족

4 마음을 지키는 작고 단단한 습관

- (151) 전쟁터 같은 상황에서 버티는 법
- (159) 깔끔하게 살자
- (161) 자기만의 공간을 만들어라
- (163) 실컷 울어라
- (165) 공상하는 시간을 가져라
- (167) 부정적 감정 다루기
- (169) 친구가 방패막이다
- (171) 자기만의 의식을 가져라
- (173) 식물을 키워라
- (175) 화투로 감정 근육을 키우다
- (178) 소리 질러!
- (180) 풀어야 산다
- (183) 억지로라도 웃어라
- (185) 고개를 들어라
- (188) 좋아하는 일에 몰입하라

5 병든 믿음에서 자유로워지기

- (193) 폭력적인 종교인
- (195) 영적인 허풍을 떠는 자
- (197) 거짓 예언자
- (199) 편집증적 종교인
- (202) 자기 과시형 종교인
- (204) 양의 탈을 쓴 늑대
- (206) 병적인 소명 의식
- (208) 도덕적 우위를 점하려는 종교인
- (210) 도덕적 자학자
- (212) 율법주의적 종교인
- (214) 선민 콤플렉스
- (216) 죄책감을 무기로 삼는 종교 독재자
- (218) 연극성 종교인

(220) 희생자 콤플렉스
(222) 순교 콤플렉스
(225) 신비 체험을 강조하는 종교인
(228) 지나치게 기도에 매달리는 종교인
(230) 구마기도를 맹신하는 종교인
(233) 가학성 종교인

6 상담실에서 만난 삶의 목소리

(239) 무엇을 해도 늘 불안합니다
(241) 실패자란 생각이 저를 지배합니다
(244) 사랑하는 사람을 보내고 너무 힘듭니다
(247) 매일 바쁘게 살아도 마음은 자꾸 멍해집니다
(249) 거절을 당하면 화부터 납니다
(252) 왜 저는 이렇게 바보처럼 굴까요?
(255) 피해의식에 사로잡혀 살아갑니다
(258) 겁 많고 여린 마음이 자꾸 날 괴롭힙니다
(261) 사람을 믿고 싶지만, 그게 참 어렵습니다
(263) 인정받고 싶어 안달인 제가 싫습니다
(265) 가까운 사람은 좋고, 낯선 사람은 힘듭니다
(268) 누가 뭐라 하지 않아도 늘 제가 먼저 사과합니다
(271) 저만 왜 이렇게 문제가 많을까요?
(274) 어떻게든 되겠지 하며, 아무것도 하지 못합니다
(276) 왜 내 인생만 이렇게 꼬이는 걸까요?
(279) 하루하루를 버티듯 살아가고 있습니다
(281) 제 마음을 아무도 몰라주는 것 같아 서럽습니다
(283) 살아야 할 이유를 잃어버린 것 같습니다
(286) 모든 잘못이 제 탓인 것 같아 괴롭습니다
(288) 위로의 말을 들어도 마음은 여전히 아픕니다

홍성남, 나의 이야기

길 잃은 채 방황하던 어린 시절,
인정받지 못해 풀 죽어 있던 사춘기,
끝없는 우울의 늪에서 허우적거렸던 청년 시절.
나는 한때 '루저'라는 병적인 자의식에 시달리며 자학했다.
늘 삶의 끝자락에 서서 스스로를 비난했고,
타인의 시선에 맞춰 내 진짜 모습을 숨기기에 급급했다.
그 고통은 마치 내 안에 거대한 심리적 감옥을 짓는 것과 같았다.
이 글은 그렇게 자신을 무가치하게 여겼던 한 사람이,
찌질함에서 벗어나 단단한 자신을 다시 세우는 성장기이다.

1

열등감 덩어리,
찌질한 어린 시절 이야기

상담가들이 내담자에게 하는 질문 중 이런 것이 있다.
"첫 기억이 무엇이죠?"
내담자의 핵심 기억을 묻는 것이다.

나의 첫 기억은 유치원 다닐 때다.
나는 비교적 유복한 집안에서 자랐는지라 그 당시에
유치원을 다닐 수 있었다.
그 시절 나는 평범하다 못해 약간 멍한 아이였다.

어느 날 유치원 합창단이 KBS 라디오 방송국에 출연하게 되었다.
그런데 방송국에 도착하자 선생님이 말했다.
"성남이는 노래를 못하니 친구들 부르는 거 구경해."
나는 사탕을 입에 물고 스튜디오 안에서
노래하는 친구들을 구경해야 했다.
그 후로 음악에 심한 콤플렉스가 생겨 악보의 음표만 봐도
머리가 지끈지끈 아픈 증세가 나타났다.

초등학교 시절엔 그림 그리기를 좋아했다.

반 친구들도 그림 잘 그린다고 칭찬해주었다.
하지만 선생님은 내 그림을 교실 뒷벽에 붙여주지 않았다.
대신 이렇게 말했다.
"성남이 그림은 너무 어두워."
선생님에게 인정받지 못한 나는 풀이 죽었다.

암울한 초등학교 시절, 나의 쉼터는 만홧가게였다.
만화의 다양한 그림과 스토리에 깊이 빠져들어 상상의 나래를
펼치며 살았다.
당시 내가 열광했던 캐릭터는 '라이파이'였다.
라이파이는 나에게 슈퍼스타였고, 사막같이 지루한 삶에
생동감을 불어넣는 유일한 존재였다.

어린 시절 나는 할 줄 아는 것도, 잘하는 것도 없는 아이였다.
그저 그렇고 그런, 눈에 띄지 않는 아이였다.
잔병치레도 심하고, 열등감에 짓눌린 채 소년기를 보냈다.

사춘기,
고달프고 고된 시간

중학교에 들어가서는 미술반에 가입했다.
그림을 실컷 그렸고, 미술 선생님의 칭찬도 들었다.
전국 대회에서 몇 차례 특선을 했고, 졸업할 때는 공로상도 받았다.
비로소 인정을 받는구나 싶어 화가를 꿈꾸었다.
프랑스 파리의 몽마르트르 언덕이 내가 가고 싶은 성지였다.

하지만 그 꿈은 실현 불가능했다.
이북에서 내려와 자수성가한 아버지가 걸림돌이었다.
아버지의 유일한 인생 수칙은 '돈이 제일이다'였다.
아들이 무엇을 잘하는지, 무엇을 원하는지는 관심이 없었다.
오로지 돈 잘 버는 장남이 되기만을 원했다.
당연히 화가의 꿈은 펼쳐보지도 못한 채 뭉개졌다.

사춘기 시절엔 성격이 유난히 예민하고 까칠했다.
부모, 친구, 누구와도 대화할 상대가 없었다.
늘 외로웠고, 그래서 마음의 벽을 쌓은 채 살았다.
그러다가 일종의 해리 현상을 겪었다.
몸과 마음이 따로따로 움직이는 현상. 학교에 가는 내가 낯설었다.

공상 속의 내가 실제라고 여겼다. 자폐아처럼 하루 종일
마음의 벽을 쌓고 그 안에서 만든 공상에 빠져 살았다.

고등학교에 진학하자 집이 짐승 우리처럼 느껴졌다.
답답하기 이를 데 없고, 질식할 것만 같았다.
가출하고 싶었지만, 딱히 갈 곳이 없었다.
불교 서적을 보며 출가를 생각했다.
몇몇 절을 찾아가 스님들을 만나보기도 했으나 확신이 없었다.
그 후 책에서 길을 찾으려 했다. 특히 헤르만 헤세의 책을 읽으며
인생의 행로를 찾으려고 했으나 글과 현실은 달랐다.

그러다 우연히 성당에 발을 들였다.
성당에서 만난 형과 누나들이 아주 따뜻하게 반겨주었다.
외로움에 쩌들었던 나는 그만 성당 생활에 흠뻑 빠지고 말았다.
상담학에서 말하는 '새 가족New Family'이 생긴 것이다.
수업이 끝나면 매일같이 성당에 들렀다.
기도하기 위해서가 아니라 사람들을 만나기 위해서.
그만큼 나는 사람들의 관심에 굶주려 있었다.

시간이 흐르면서 '독실한 신자'로 인정을 받았고,
주위에서 수도자나 신부가 되라고 은근히 권유하기 시작했다.
나 역시 그 길을 가고 싶다는 마음이 생겼다.
신자들로부터 존경과 사랑을 받는 신부를 보면 부럽기도 했다.

그래서 수도자가 되기로 결심했다.
수도생활이 아닌 인정 욕구를 채우기 위한 선택이었다.

수도자가 되기 위해 열심히 기도하고, 《성경》 말씀을 묵상하고,
신심 서적을 탐독하기 시작했다. 학교 수업은 뒷전이었다.
선생님들에게 나는 문제를 일으키지는 않지만 문제 있는 학생이었다.
하지만 개의치 않았다.
영적 세계를 이해하지 못하는 세속적 사람이라고 그들을 무시했다.
고등학교는 수도원이나 신학교를 가기 위해 어쩔 수 없이
다니는 곳이었다. 당연히 친구도 거의 없었다.
내 유일한 관심사이자 유일한 세상은 성당뿐이었다.

그런데 어느 날부터 '진짜' 문제가 생겼다.
심리학에서 말하는 이상적 자기와 현실적 자기 사이의 거리가
점점 벌어지기 시작한 것이다.
우리에게는 누구나 '되고 싶은 나'가 있다.
이것을 이상적 자기라고 한다.

이상적 자기를 그려보는 것은 결코 잘못된 일이 아니다.
이상적 자기가 존재해야 삶을 변화시키고 싶은 욕구도
생겨나기 때문이다.
하지만 현실적 자기가 이상적 자기의 수준에 한참 못 미친다고
느낄 때 문제가 발생한다.

그때부터 심리적 괴리감과 자아 분열이 일어나고
심지어 자기혐오감, 독성 수치심에 빠지기도 한다.
이런 현상은 특히 지나치게 높은 영성을 추구하는
종교인에게서 자주 나타난다.
높은 수준을 따라가지 못하는 자신에게 모멸감을 느끼게 되면
결국 종교적 분열증으로 이어진다.
겉으로는 일상생활과 단절된 비현실적 삶에 집착하고,
속으로는 끊임없이 자신을 고문하는 자학적 신앙생활을
하게 되는 것이다.

당시 나는 기도는 많이 했지만, 구원 불안증과 신경증에 시달렸다.
날마다 지옥불에 떨어지는 공포에 사로잡혔다.
내 영혼이 어둡고 추운 공간에 내던져진 듯했다.
스스로를 학대하며 세심증과 완벽주의 강박에 빠져들었다.
죄를 짓지 않으려고 애쓰다 보니 모든 것이 죄처럼 보였고,
결국 같은 죄를 반복하는 자신을 혐오하는 악순환이 계속되었다.
반면 영적 허세는 더욱 심해져 갔다.

자기를 정의롭다 믿으며, 다른 사람을 거리낌 없이 판단하고
죄로 단정하는 것, 이게 바로 '영적 허세'이다.
이런 자기도취는 '스스로 거룩한 체하는 종교적 연출'로 이어진다.
당시 나는 사이비 교주 못지않은 진상 광신도였다.
스스로 몸을 학대해 피골이 상접했고,

눈빛은 평화가 아닌 살기로 가득했다.
아마도 중세 마녀사냥에 앞장섰던 편집증자들이 이랬을 것 같다.

이 같은 광기 어린 신앙생활은 고등학교 졸업 때까지 이어졌다.
결국 신학교도, 수도원도 가지 못한 채
어영부영 재수생이 되고 말았다.
우리 속에 갇힌 듯한 삶을 살다 갑작스럽게 밖으로
내동댕이쳐진 꼴이었다. 처음엔 감당하기 힘들었다.
마치 감옥에서 막 출소한 죄수처럼 혼란스러웠다.
다시 감옥으로 돌아가야만 안정감을 느낄 수 있을 것만 같았다.

하지만 시간이 흐르면서 몸과 마음의 긴장이
조금씩 풀리기 시작했다. 삶의 맛, 자유의 맛이 느껴졌다.
그러다 문득, 지금까지의 신앙생활을 되돌아보았다.
이것도 죄, 저것도 죄….
'지뢰밭을 걷는 듯한 삶이었구나' 하는 생각이 들었고
성당과 인연을 끊고 그토록 혐오하던 세상 속으로,
세속 안으로 걸어 들어갔다.

청년 시절, 그저 도망치고 싶었던 나날

장발에 몸이 삐쩍 마른 20대의 나는 가시덤불 속에서
길을 찾아 헤맸다.
몸과 마음은 자유로웠지만 어디로 가야 할지,
무엇을 해야 할지 여전히 안갯속을 걷는 것 같았다.
그때부터 나를 이끌어줄 멘토를 찾는 기나긴 여정이 시작됐다.

닥치는 대로 책을 읽었다.
헤르만 헤세를 가장 좋아해서 전집을 거의 다 읽었고,
인도 철학 중에서도 특히 크리슈나무르티에게 푹 빠졌다.
스승을 찾고자 교회와 사찰을 전전하며,
이름난 목사와 스님들에게 지혜를 청했다.
그러나 그 누구에게서도 내 막힌 속을 뚫어주는 말을 듣지 못했다.
애매하고 추상적인 얘기를 들을수록 속은 더 답답해졌다.
급기야 염세주의에 젖어 술과 담배로 하루하루를 버텼다.
체중이 47kg이 될 정도로 불규칙하고 자학적인 삶을 살았다.

그러다 뒤늦게 입영통지서를 받았다.
그런데 영화에서 보던 늠름한 군인에 대한 환상은 훈련소 첫날

단박에 깨지고 말았다.
인간과 짐승 사이의 삶… 동물적 욕구만으로 가득한 삶….
몸과 마음이 따로 놀고, 머릿속은 늘 멍했다. 매일 탈영을 꿈꿨다.
하지만 용기가 없어 시도조차 하지 못한 채
학대받는 유기견처럼 시간을 보냈다.

그런데 고되고 지겨운 훈련을 받던 중 변화가 나타나기 시작했다.
체력이 좋아지자 나도 모르게 자신감이 생겼다.
사회에 나가면 무엇이든 해낼 수 있을 것만 같았다.
돈을 벌어 행복하게 살고 싶다는 욕구가 불쑥 솟았다.
신앙, 영성 같은 것들은 머릿속에서 완전히 사라졌다.
그렇게 나는 그저 욕망에 굶주린 한 마리 수컷이 되었다.

제대 후 돈벌이에 혈안이 되어 살던 어느 날,
우연히 동네 무당을 만났다.
무속 신앙에 빠져 있던 어머니가 마련한 자리였다.
무당이 내 얼굴을 물끄러미 보더니 점괘를 내놓았다.
"타고난 박수무당이다. 35세에 유명한 점쟁이가 될 것이다."
오로지 돈에만 관심이 있던 내가 물었다.
"그걸 하면 돈을 벌 수 있습니까?"
무당은 아주 많은 돈을 벌 거라고 호언장담했다.
귀가 솔깃해진 나는 그날 이후 그 무당을 멘토로 삼았다.
아플 때도 병원 대신 무당이 시키는 대로 가시나무를

집 안 곳곳에 매달 정도였다.
매일 불상 앞에서 염주를 들고 《반야심경》을 외웠다.
그렇게 영험한 점쟁이가 되기 위해 수련을 쌓았다.
물론 성당은 발을 끊은 지 오래였다.

그런데 어느 날, 경악할 만한 사건이 벌어졌다.
종교인들이 이른바 '영적 체험'이라 부르는 현상을 경험한 것이다.
날짜도 정확하게 기억한다. 1980년 12월 25일 새벽 5시.
해가 뜨기 전 어두컴컴한 시간대에 느닷없이 예수님이 나타났다.
개꿈이 아닌 환시였다. 너무나 생생한!

신은 없다고, 세상에서 믿을 건 오직 돈뿐이라고
큰소리치며 살던 나에겐 엄청난 충격이었다.
그런 체험을 한 후 거의 한 달간 혼란 속에서 헤맸다.
그러다 뜬금없이 신학교에 가고 싶다는 생각이 솟구쳐 올랐다.
다른 것은 일절 생각나지 않았다.
신학교에서 다시금 해묵은 의문들에 대한 답을 찾고 싶었다.
어떻게 살아야 하는지 길을 찾고 싶었다.
그래서 무작정 다시 성당에 나갔고, 신학교에 들어갔다.

그런데 우여곡절 끝에 겨우 들어간 신학교는 내 기대와 달리
답을 주지 못했다. 마치 다시 군에 입대한 기분이었다.
사실 신학교는 종교 사관학교다. 엄격한 규칙을 선호하는 곳.

그러나 그것보다 견디기 힘든 건 지루하고 애매모호한 강의,
특히 현실성이 떨어지는 신학과 철학 강의였다.
인생의 답을 찾는 나에게 강의 시간은 고문과도 같았다.

그래서 현실적 답을 찾기 위해 줄기차게 해방신학과 사회주의
서적을 탐독했다. 특히 체 게바라에게 푹 빠져 살았다.
당시 군부 정권하의 사회 분위기에 영향을 받아
일명 '좌파' 신학생이 된 것이다.
아울러 내적 숨통을 트기 위해 소설도 있는 대로 구입해 읽었다.

겨우겨우 사제 서품을 받고 신부 생활을 시작했다.
첫 소임 본당은 서울 강동구에 자리 잡은 잠실성당이었다.
내게는 첫사랑 같은 곳, 신자들로부터 분에 넘치는 사랑을 받았다.
사랑이란 감정이 사람에게 어떤 영향을 미치는지
절절하게 느꼈던 시간. 오랫동안 마음속에 쌓여 있던
온갖 심리적 불순물이 날아가버리는 듯했다.
2년간의 행복하고 달콤한 시간, 축복과 은총의 시간이었다.
태어나서 처음으로 마음의 안정감을 만끽했다.

그러나 이후의 사제 생활은 녹록지 않았다.
두 번째 소임 본당은 명동성당이었다. 그곳에서 만난
이른바 '주사파' 운동권 청년들은 내게 힘겨운 상대였다.
지도신부를 지도신부로 인정하지 않는, 마치 물과 기름 같은 상태로

청년 사목을 해야 했다.
더욱이 걸핏하면 들이닥치는 시위대와 경찰을 상대하는 것은
서른 살 보좌신부에게는 감당하기 어려운 일이었다.

이어서 사목한 본당들도 30대 후반의 신부에게는 벅찬 곳이었다.
나보다 훨씬 나이 많은 고집 센 어른들을 상대하는 것은
생각보다 훨씬 힘들었다. 시간이 갈수록 강론도 힘들어지고,
괜히 신부가 되었나 하는 회의적인 생각이 불쑥불쑥 튀어 올랐다.
다람쥐 쳇바퀴 도는 듯한 생활에 마음이 조금씩 무너지기 시작했고,
비난의 소리를 잊으려 술에 의지하는 날이 많아졌다.

옷을 벗어야 하나 매일매일 고민했다. 하지만 그럴 자신이 없었다.
미사는 물론 강론은 더욱이 하기 싫었다. 이런 내가 나도 싫은데,
신자들은 오죽하랴 싶었다. 그래서 매일매일 기도했다.
"제 발로는 나갈 용기가 없으니 당신이 저를 내쳐주십시오."
그렇게 내 영혼은 깊고 어두운 심연 속으로 가라앉았고,
그런 나를 비난하는 신자들의 목소리는 점점 거세졌다.
하지만 나는 여전히 갈피를 잡지 못한 채 이리저리 떠밀렸다.
그러다 문득 이런 생각이 들었다.
'차라리 죽자. 이렇게 아무 의미 없이 사느니 차라리 사라져주자.'
이것이 44세 신부가 내린 최선의 선택이었다.

삶의 끝자락에서
나를 붙든 목소리

신부 생활 10년 차.
44세 때 나는 깊은 계곡 사이 다리 위에 서 있었다.
나를 찾아주는 사람도, 필요로 하는 사람도 없는 곳.
"너는 쓸모없는 인간이야. 너 같은 게 살아서 뭐 해."
머릿속엔 나를 질책하는 소리가 가득했다.

'그래, 나 같은 것 하나 사라진다고 누가 슬퍼하리.'
난간에 올라서서 아래를 내려다보았다.
가뭄으로 메마른 계곡엔 크고 작은 바위들이 드러나 있었다.
눈을 감고 뛰어내리려는 순간, 아무 생각도 들지 않았다.
그저 덤덤할 뿐.

그때 갑자기 어디선가 천둥 같은 소리가 울려 퍼졌다.
"정말 이대로 끝낼 거냐?"
깜짝 놀라 주위를 둘러보았지만 아무도 없었다.
다시 뛰어내리려는데, 또다시 고함치는 소리가 들렸다.
"정말 이대로 네 인생을 끝낼 거야?"

사방을 둘러봤지만 역시 아무도 없었다.
그때 문득 수호천사일지 모른다는 생각이 들었다.
'그래, 내 나이 이제 마흔넷. 이대로 끝내기엔 너무 억울해.
아무런 희망도 보이지 않지만, 아무도 나를 찾지 않지만
사는 데까지 살아보자.'
그렇게 터덜터덜 다리를 건넜다.
무겁고 힘겨운 발걸음으로 앞이 보이지 않는 희뿌연 미래를 향해.

어둡고 습하고 춥디추운 시간을 보내던 어느 날,
나를 보다 못한 후배가 상담을 권유했다.
자신도 받고 있는데 효과가 좋다면서 상담 신부를 소개해주었다.
약간의 호기심은 있었지만, 별다른 기대 없이 상담소를 찾아갔다.

그렇게 마음 탐색의 길이 시작되었다.
그 첫걸음이 내 인생을 백팔십도 바꿔줄 줄은 상상도 하지 못했다.

내 인생이
다시 시작된 날

나를 처음 상담해준 사람, 예수회 채준호 신부.
나보다 한 살 아래였는데, 첫 만남은 실망 그 자체였다.
채 신부의 얼굴은 피곤에 찌든 시골 깡촌의 아줌마 같았다.
도무지 나에게 올바른 조언을 해줄 사람처럼 보이지 않았다.
못마땅한 표정으로 앉아 있는 나에게 채 신부가 말을 건넸다.
"하실 말씀 있으면 해보세요."
순간 어이가 없었다.
'돈은 내가 냈으니 말은 당신이 해야지, 왜 나보고 하라는 거야?'
상담가를 점쟁이와 비슷하다고 생각했기에 화가 난 것이다.

그런데 뜻밖에 내 입에서 말이 술술 나오기 시작했다.
최근에 나를 힘들게 했던 자들에 대한 분노가 끊임없이 터져 나왔다.
신이 나서 주절주절 떠벌리고 있는데, 채 신부가 말했다.
"시간 다 됐습니다."
순간 또 어이가 없었다.
나는 본당에서 신자들의 하소연을 두 시간이고 세 시간이고
들어주는데, 상담은커녕 내 얘기를 끊다니 이해할 수 없었다.
'내가 속은 거야! 사기를 당한 거야!'

홧김에 술을 잔뜩 마시고 투덜거리다 잠자리에 들었다.

그런데 다음 날 아침, 이상하게 속이 시원한 느낌이 들었다.
'어, 이게 뭐지?'
오랫동안 가슴속에 큰 돌덩이가 들어앉은 것 같았는데,
그게 사라진 듯했다. '털어놓기', 즉 속에 있는 것을
다 뱉어내서 나타난 현상이었던 것이다.
예전 어른들은 아이가 체증에 걸리면 입에 손가락을 넣어
토하게 했다. 마음속에 쌓인 불순물도 마찬가지.
실컷 털어놓아야 속이 후련해진다.
괜스레 기분이 좋아 싱글거리며 하루 종일 바보처럼 웃고 다녔다.
마음뿐만 아니라 몸도 가벼워진 느낌.
은근히 채 신부를 만날 날이 기다려지기까지 했다.

두 번째 만남.
자리에 앉은 나에게 채 신부가 또 똑같은 말을 했다.
"하고 싶은 말 있으면 다 해보세요."
순간 속에 쌓였던 것들이 토하듯이 터져 나왔다.
신기하게 10년도 넘은 기억까지 꾸역꾸역 밀려 나왔다.
우리가 생애 동안 겪는 모든 기억은 지층처럼 쌓인다.
그것들을 파내기 시작하면 피상층, 즉 최근의 기억뿐 아니라
그 밑에, 그리고 또 밑에 있는 기억들까지 모습을 드러낸다.
신이 나서 읊어대는데, 채 신부가 또 말을 끊었다.

"시간 다 됐습니다."
그런데 이번에는 화가 나지 않았다.
오히려 채 신부가 신통방통하다는 생각이 들었다.

세 번째 만남.
또다시 이야기해보라고 하자 어릴 때 상처받은 일들이
쏟아져 나왔다. 그동안 기억조차 못 했던 것들,
마음속 깊이 숨어 있던 것들이 기어올라 왔다.
그렇게 토하듯이 내뱉고 나니 후련해졌다.
욕은 나쁜 것이니 절대로 해서는 안 된다는 철칙을 끌어안고
수십 년을 살아오느라 마음속에 쌓이고 쌓인 것들이 많았는데
그렇게 내 안에 쌓였던 심리적 배설물을 몽땅 쏟아내고 나니
그 희열감은 이루 말할 수 없을 정도였다.

욕은 똥을 싸는 것과 같은 행위다.
음식을 먹으면 소화되고 남은 것을 배설해야 한다.
마음도 마찬가지다. 불쾌한 사람을 만나면 분노의 감정이 생긴다.
이것도 밖으로 내보내야 한다. 단, 항문이 아니라 입으로.
이것을 분노 해소라고 한다.
만약 대변을 보지 않고 참으면 어떻게 될까?
변비가 생겨서 노상 똥 마려운 강아지 얼굴로 다녀야 한다.
마음도 마찬가지다.
분노를 억제하면 얼굴에 웃음기가 사라지고 짜증만 늘어난다.

심리적 변비가 생겨서 그런 것이다.
40년이 넘도록 참으면서 속에 들어찬 것이 많았던 나는
난생처음 시원한 배변을 한 것 같은 후련함을 느꼈다.

네 번째 만남.
이제 더 이상 할 말이 없다는 생각이 들었다.
그래서 감사하다는 인사를 하고 상담을 종료하기로 했다.
"더 할 말 없으세요?"
"없습니다. 덕분에 속이 후련합니다."
그러자 내 얼굴을 물끄러미 바라보던 채 신부가 뜬금없이 말했다.
"아버지 얘기 좀 해보세요."
순간, 숨이 턱 막혔다.
기억 깊은 곳에 묻어둔 아버지라는 존재가 문득 눈앞에 나타났다.

상담에서는 사람들이 지금 갖고 있는 심리적 문제는 거의 다 어린
시절 아버지·어머니·자식의 삼각관계 안에서 발생한다고 말한다.
부모와의 관계가 평생을 따라다닌다는 것이다.
이는 아주 예민한 것이어서 조심스럽게 다뤄야 한다.
그런데 말하고 싶지 않다는 생각과 달리,
내 입에서는 아버지에 대한 불만이 튀어나오기 시작했다.
아버지가 내 앞에 있는 듯한 착각이 들 정도로
속에 쌓인 것들을 토해냈다.

그러곤 나도 모르게 눈물이 쏟아졌다.
얼마 후, 흐느껴 우는 내게 채 신부가 말했다.
"시간 다 됐습니다."
순간, 시원하긴커녕 착잡하고 혼란스러웠다.
그리고 너무나 화가 났다. 생면부지인 채 신부에게
지극히 사적인 이야기를 털어놓은 나 자신이 한심했다.
아버지 이야기를 하라고 한 채 신부가 죽이고 싶도록 미웠다.

일주일 동안 부글부글 속을 끓이다 단호한 결심을 하고
상담실로 향했다. 의자에 앉자마자 협박하듯이 말했다.
"내가 태어나 처음으로 모든 걸 당신한테 털어놓았는데, 내게
들은 얘기를 한마디라도 밖에 발설하면 내 손에 죽을 줄 아시오."
나를 빤히 쳐다보던 채 신부가 걱정하지 말라고 했다.
상담 내용은 고해성사와 마찬가지로 절대 비밀을
지켜야 한다는 걸 몰랐기에 채 신부를 몰아붙인 것이다.
잠시 후, 얼굴이 붉어진 나를 보고 채 신부가 말했다.
"더 하실 말씀 없나요?"
"없습니다."
단호하게 대답하자 채 신부가 말을 이었다.
"그럼 제가 얘기해도 될까요?"
그러시든가.

이윽고 채 신부가 나에 대한 얘기를 하기 시작했다. 경악 그 자체.

단 네 번밖에 안 봤는데, 어떻게 나보다 나를 더 잘 알지?
나름 나에 대해 알기 위해 노력해왔다고 자부하며 살았는데,
채 신부의 얘기를 들으며 그 자부심이 와르르 무너졌다.
그때 나는 심리학의 심 자도 잘 모르는 처지였으니 심리학 박사인
채 신부의 상대가 되질 않는 게 당연한 것이건만
나이가 한 살 많고 산전수전 다 경험했다는 꼰대 같은
우월감으로 채 신부를 업신여기다가 한 방 먹은 것이다.
나중에 상담가로 활동하면서, 내담자들이 시비를 걸어올 때마다
실소하곤 했다.
'아, 그때 그 신부 마음이 이랬겠구나.'

그렇게 시작한 상담은 1년, 2년을 넘어 무려 5년간이나 지속됐다.
내 안의 문제를 들추어내는 심리 분석, 심리 해부를 받느라
시간이 걸린 것이다.
때론 후련하고, 때론 아프고, 때론 너무나 힘들었다.
하지만 내 마음속 동굴을 탐색하고, 콤플렉스 덩어리를 깨뜨리는
과정을 통해 나를 덮고 있던 두꺼운 껍질을 벗겨낼 수 있었고
마음의 감옥에서 벗어나 내적 자유를 얻게 되었다.
그리고 마침내 인생이 달라지기 시작했다.
변두리에서 천덕꾸러기처럼 살던 내가 조금씩 중앙으로 들어가기
시작한 것이다.

상담에서 얻은 첫 번째 선물, 나에 대해 알고 싶은 욕구

심리 분석을 받으면서 얻은 선물은 수도 없이 많다.
그중에서 가장 좋은 것은 바로 '나에 대해 알고 싶은 욕구'였다.
나는 누구이고, 어떤 사람인가?
나에 대한 궁금증이 솟아오르기 시작했다.

아주 오랫동안 내가 바라본 나는 한심한 놈,
할 줄 아는 게 별로 없는 변변치 못한 놈이었다.
말 그대로 열등감 덩어리였다.
그래서 다른 사람이 내 실체를 눈치챌까 봐 전전긍긍했다.
나는 숨기고 싶은 존재였다.
그런데 상담을 하면서 내가 그렇게 혐오스러운 존재가 아니란 걸
깨달았다. 나를 이해하고 싶고 알고 싶은 욕구가 솟아올랐다.

그래서 서점을 수시로 드나들며 심리학 서적을 사들이고
정신없이 읽기 시작했다.
실로 오랜만에 책을 음식 먹듯이 맛있게 먹어치웠다.
특히 '게슈탈트 심리 치료' 관련 책이 가장 감명 깊었는데,
외부 세계의 감정이나 가치를 의문 없이 그대로 받아들이는 현상,

'내사Introjection' 부분을 읽으면서는 눈물을 흠뻑 쏟았다.
내가 가장 힘들어하던 내적 문제에 대한 답을 찾은 것이었다.

오랫동안 나를 힘들게 했던 것들이 사실은
외부에서 들어온 불청객이었다는 것과,
나를 노예로 만든 것들의 정체가 밝혀지자 자유에 대한 욕구와
삶에 대한 의지가 생기고, 삶의 희열을 맛보았다.
오랫동안 나를 가두었던 감옥에서 풀려난 느낌이었다.

그래서 당시 가장 많이 본 영화가 〈쇼생크 탈출〉이었는지도 모른다.
나를 이해할 수 있는 존재는 나밖에 없다.
내가 나를 이해할 때 내적 변화가 생긴다.
심리학은 나를 이해하는 과정이자 결과였다.

상담이나 나를 알고 싶은 욕구가 커져가자,
책만으로는 성이 차질 않았다.
그래서 40대 후반의 나이에 상담대학원에 입학했다.
학교 건물은 변변치 않았지만, 교수들의 강의는
그야말로 신세계였다.
난생처음 듣는 이야기에 깊이 매료되었고, 홀린 듯이 그 새로운
세계로 한 발 한 발 걸어 들어갔다.
그리고 과거의 껍질과 쓸데없이 지고 온 짐을 하나씩 버리며,
홀가분하게 마음공부를 하는 수행자의 삶을 시작했다.

그동안 다른 사람을 의식하는 '역할의 삶'을 살았다면,
마음공부를 통해 비로소 '나의 삶'을 살게 되었고
앞으로도 그렇게 살 것이다.

상담에서 얻은 두 번째 선물, 내재아와의 만남

사람의 마음에는 두 가지 자아가 있다.
어른의 자아와 아이의 자아.
어른의 자아는 윤리적·객관적 삶을 살라고 말한다.
반면, 아이의 자아는 미성숙하고 충동적이다.

아이의 자아를 '내재아Inner Child'라고 부르는데,
우리가 마음에 상처를 입었다는 것은 내재아가 상처를 입었다는 뜻이고, 상담이나 심리 치료는 내재아를 치유하는 걸 말한다.
그래서 자신 안의 아이를 만나 대화하는 것이 아주 중요하다.

그럼 어떻게 해야 내재아를 만날 수 있을까?
먼저 어린 시절의 이름을 부르면 된다.
어릴 때 엄마가 "ㅇㅇ아~ 밥 먹어라" 하던 바로 그 이름이다.
조용한 방에 혼자 앉아 내재아의 이름을 천천히 부르면
뭉클한 느낌이 들거나, 왈칵 눈물이 쏟아진다.
물론 처음부터 그런 반응이 나타나는 것은 아니다.
갑자기 부르면 낯설기 때문에 금방 반응이 나타나지 않는다.

내 경우는 상담을 받은 지 1년쯤 되는 해 아침
묵상을 할 때 보았다. 초등학교 4학년 아이였다.
그 애를 보면서 '아, 너구나!' 하는 생각과 동시에 마음이
홀가분해졌다.
그로부터 2년 후에는 세 살짜리 아이를 보았다.
내 안 깊은 곳에 숨어 있던 콤플렉스를 대면한 것인데,
그때도 '아, 너 때문에 그랬었구나' 하면서 후련함을 느꼈다.

나는 지금도 매일 내재아와 대화한다.
그런 대화를 나누면 에너지가 생기고, 감정의 근육이
단단해지는 걸 느낀다. 또한 내담자의 내재아를 살피고,
그 애들이 내게 외치는 소리도 듣는다.
무속인은 죽은 혼을 본다는데, 나는 산 자들의 외침을 들어준다.

상담에서 얻은 세 번째 선물, 심리적 해방

오랜 세월 나는 늘 마음이 무엇인가에 옭매여 있는 듯한
불쾌한 기분 속에서 살았다.
그건 모두 관계에서 비롯된 것이다.
어린 시절 부모와 어떤 관계였는가?
관심과 사랑의 대상이었는가?
아니면 무관심, 방치, 무시, 미움의 대상이었는가?

아버지는 내게 무거운 짐 같은 존재였다.
아버지에게서 벗어나려고 몸부림쳤다.
아버지처럼 살기 싫다는 소리를 수없이 뇌까리며 살았다.
그러다 상담을 통해 아버지에 대한 감정을 해소할 기회를 얻었다.
틈만 나면 아버지 사진을 보며 미친 듯이 대화했다.

그렇게 한 5년쯤 지났을까?
아침 묵상 중 갑자기 툭 하고 밧줄이 끊기는 소리가 들렸다.
아버지에 대한 불편한 감정이 오랏줄처럼 내 자아를 칭칭 감고
있었는데, 그게 한 번에 끊기고 풀려난 느낌이었다.
어찌나 홀가분하던지!

내 영혼을 억누르는 존재는 그와의 치열한 대화를 통해
떼어낼 수 있다.
진정한 해방은 그렇게 이루어진다.

나는 오랫동안 잠드는 걸 두려워했다.
불안증과 흉몽에 시달렸기 때문이다.
늘 누군가에게 쫓기고, 공동묘지에서 시체가 나오는 꿈을
수도 없이 꾸었다.

그런데 심리 분석을 받으면서 이른바 '길몽'을 꾸기 시작했다.
한번은 꿈속에서 거대한 3층 집이 거꾸로 뒤집히는 것을 보았다.
그건 나를 억누르던 무의식에서 해방되는 꿈이었다.
그렇게 내적으로 얽히고설킨 관계를 정리해가면서 자유로움을
맛보았고, 그때부터 생각지도 않은 기회들이 찾아오기 시작했다.

어쩌면 내 마음이 자리를 잡자
여러 기회가 눈에 들어왔는지도 모른다.
다가오는 기회들은 내적·외적으로 나를 더 자유롭게 해주었다.

상담에서 얻은 네 번째 선물, 달라진 인생 수칙

마음공부를 하면서 인생의 모토도 바뀌었다.
낮은 자리에서 가난하게 살아야 한다는 종교적 강박관념이 사라지고,
'더 높이 The Higher' '더 많이 The More' '더 행복하게 The Better'라는
인생 수칙이 내 마음속에 선명하게 자리 잡았다.
낮은 곳에 머무니 짓밟고 무시하는 자들만 있고,
가진 것이 없으니 궁핍하고 궁색해진다는 걸 뼈저리게
체험한 터였다.

늘 닭장 안의 닭처럼 순종하는 삶을 지향해왔는데,
창공을 가로지르며 비행하는 독수리처럼 살고 싶다는 욕구가 생겼다.
그러자 내게 좋은 기회가 찾아왔다.
그중 가장 큰 선물은 KBS의 〈아침마당〉이었다.

상담대학원을 졸업하고 부임한 첫 본당에서의 사목은
결코 쉽지 않았다.
1970년 교황청 그레고리오대학교에 영성심리학부가 설립되었건만,
한국 교회는 심리학에 무지할 뿐만 아니라 외면하는 분위기였다.
심지어 심리학이 신앙심을 약화시킨다는 비난도 있었다.

신자들은 내 강론에 거부감을 표출했고,
내가 쓴 책은 불량 서적 취급을 받았다.
그러던 차에 KBS에서 〈아침마당〉에 출연해달라는
뜻밖의 제안이 들어왔다.
얼떨결에 출연해 심리학에 대해 한 시간 동안 강의를 했는데,
그것이 나를 전국구 강사로 만들어주었다.

방송에 나가기 한 달 전 꿈을 꾸었다.
꿈속에서 날개 달린 말이 나타나 타라는 듯 고개를 숙였다.
말을 타자마자 이름 모를 달동네 위를 날더니 바다 위를
닿을 듯이 말 듯이 날았다. 그리고 모래밭에 내려주었는데,
그곳에 웬 어린아이들이 나를 보고 깊은 절을 하는 꿈.
예언몽이자 내 생애 꾼 꿈 중 가장 길몽이었고,
그리고 한 달이 지나 〈아침마당〉에 출연한 후 전국은 물론
해외로 다니면서 강의하는 유명 강사가 되었다.

그리고 그로부터 또 한참 후인 코로나 직전,
우연히 올린 유튜브 영상이 소위 대박이 났다.
78개국의 사람들이 함께 보는 콘텐츠로 자리 잡았다.
내 마음의 날개를 펼쳐주자 얻어낸 결과였다.

내면세계를 보면서 느낀 소감

많은 사람이 망상과 현실을 구분하지 못한 채 껍질 속에서 산다.
정치적 망상, 종교적 망상, 사람에 대한 망상 등등에 휘둘린다.
이들은 자신이 꽤 잘 사는 줄 알지만, 그 삶에서는 악취가 풍긴다.

껍질에서 벗어나려면 우선 자신이 그 껍질 속에 갇혀 있음을
깨달아야 한다.
문제는 이것이 참으로 어렵다는 데 있다.
스스로 답답함을 느끼고 갈증이 생겨야 그런 기회가 온다.

깨달음을 얻은 후에도 쉽지는 않다.
과거의 삶으로 돌아가자고 채근하는 내 안의 유혹과
싸워야 하기 때문이다.
그걸 극복하고 마침내 껍질을 벗은 사람은 한 마리 '나비'가 된다.
그 후로는 더 높이 더 멀리 날아가는 법을 익혀야 한다.

그런데 껍질을 벗지 못한 사람은 어찌 될까?
나비가 되지 못한 채 구더기로 살 뿐이다.
같은 구더기들과 어울려 썩어갈 뿐이다.

당신은 구더기로 살 것인가, 나비로 살 것인가?
우리 앞에 놓인 선택의 문제이다. 상담가로 활동하면서
수많은 사람들에게 나비의 삶을 살 것을 권유했다.
그러나 나비의 삶, 자기 날개를 인식하고 하늘을 나는 삶을
선택할 확률은 의외로 적다.

나는 내가 왜 미웠을까

"넌 이기적인 놈이야!" "실패할 바엔 하지도 마!"
이처럼 자신을 끝없이 비난하고 채찍질하며
우리를 불행하게 만드는 목소리가 있다.
그 목소리는 마치 내 안의 절대자처럼 군림하며,
나는 늘 부족하고 죄가 많다고 속삭인다.
이는 양심이나 신의 목소리가 아닌,
내 안의 '병적인 초자아'라는 이름의 폭군이다.
이 글은 나를 갉아먹는 내면의 폭군과 마주하며
자책과 죄책감, 자기혐오의 굴레에서 벗어나기 위한 노력이다.

2

나를 학대하던
목소리를 마주하다

사람은 완벽할 수 없다.
그런데도 마치 완벽해야만 사랑받을 수 있다고 몰아붙이며,
자신을 잠시도 쉬지 못하게 만드는 것이 있다.
이것은 사람을 불행의 늪에서 빠져나오지 못하게 괴롭히면서도
스스로는 마치 양심인 양 행세한다.
그래서 그 누구도 감히 그것을 함부로 공격하지 못한다.

내 마음속에서 나를 못마땅한 눈으로 노려보며
끊임없이 잔소리와 폭언을 퍼붓는 괴물, 심리학에서는 이것을
'고질적 자기 비평Pathological Critic'이라고 부른다.
심리치료사 유진 세이건이 처음 사용한 말로, 자기 자신을
끊임없이 공격하고 비난하는 부정적이고 신랄한 내면의 목소리,
가혹한 내면의 심판자이자 내 안의 괴물이다.

이 괴물은 나름의 전형적 각본을 갖고 있다.
'사람은 어떻게 살아야 하는가'에 대해 딱딱한 규범을 만들어놓고,
그 규정에 조금이라도 어긋나는 욕구를 드러내면
"나쁜 놈!" "바보!" "이기주의자!" "겁쟁이!" 하고 고함을 지른다.

나의 부족한 점만 끄집어내고, 완벽함이라는 기준을 내세워
작은 실수조차 용납하지 않는다.
실패는 선명하게 기억하게 하면서 성취나 장점은 무시하게 만든다.

이 괴물은 양심도, 신의 소리도 아니다.
그저 마음에 뿌리내린 사악한 폭군일 뿐이다.
마치 독재자가 국민을 우민화하고 개돼지처럼 길들이려 하듯
내 자아를 노예로 만들려 한다.

이 괴물의 노예가 된 사람은 늘 불행하다.
평생을 절망의 수레바퀴에 갇힌 것처럼 살아야 하기 때문이다.
그런데도 빠져나오지 못하는 이유는 피학적인 삶에
익숙해 있기 때문이다. 학대받는 데 익숙한 사람은
자신이 학대받고 있다는 사실조차 모른다.
그 안에 오래 머물다 보면 무엇이 잘못된 것인지조차
식별할 수 없게 된다. 그러나 우리는 국민이 독재자를 몰아내듯
우리 마음의 폭군도 몰아내야 한다.

"완전한 사람이 되어야 한다."
사춘기 시절, 교회에 처음 발을 들였을 때 들은 이 말이
나를 계속 괴롭혀왔다.
이 말이 작은 실수 하나도 용납하지 않고 눈살을 찌푸린 채
나를 감시했다.

나는 이 말 앞에서 위축된 채 노예처럼 살았다.
시간이 지날수록 이 말의 위력은 점점 더 강해졌다.
나는 이 말이 하느님의 뜻인 줄 알았고, 진실한 사람이 되려면
그렇게 살아야 하는 줄 알았다.

그로 인해 거의 조현병 문턱까지 갔다.
다행히 사춘기 끝자락에서 '이건 아니다'라는 본능적 느낌이 들었고,
그 감옥에서 탈출을 시도할 수 있었다.
그러나 지금도 나는 이따금 그 못마땅한 눈초리에 쫓긴다.
그리고 그걸 느낄 때마다 이렇게 소리친다.
"나한테서 꺼져, 이 괴물아!"

우울증에 걸린 사람은 대부분 이런 괴물한테
목덜미를 잡힌 이들이다.
그들에게 내가 알려주는 처방은 'Get Out' 요법이다.
내 마음에 침입한 불청객은 대화 상대가 아니다.
내 마음을 난장판으로 만든 그것들은 반드시 소리쳐서
쫓아내야 한다.

양심을 가장한 괴물의 목소리, 넌 이기적인 놈이야

"왜 너는 너만 생각하니?"
"너만 잘 먹고 잘 살려고 하는 거지?"
"너 같은 게 어떻게 사람이라고 할 수 있어?"
"부모 형제 다 버리고 너만 잘 살겠다고?"

더 나은 삶을 살기 위해 동물 우리 같은 틀에서 벗어나려 할 때,
마음속 괴물은 온갖 욕설과 비방으로 가슴을 후벼 파며
우리 발목을 끌어당긴다.
성공하기 위해 노력하는 나를 이기적이라고 생각하게 만든다.
하지만 자신을 이롭게 만들고 싶은 욕구는 인간의 본능이다.
결코 죄가 아니다.

이기심에는 두 가지가 있다. 건강한 이기심과 병적인 이기심.
병적인 이기심은 타인을 희생시키면서 자신에게만 관심을 갖는 걸
말한다. 이런 사람은 배려심이 없다.
자신이 타인에게 어떤 영향을 줄지 고민하지 않는다.
이것이 바로 자기애성 성격장애자의 특징이다.
우리가 경계해야 할 것은 바로 이 병적인 이기심이다.

하지만 병적인 이기심에 빠진 이들은 괴물의 먹잇감이 아니다.
괴물의 진짜 먹잇감은 신경증적인 사람이다.
신경증적인 사람은 자기 안의 이기심을 끊임없이 질책한다.

자식이 갑작스레 죽어 슬픔에 빠져 있는데도 배는 고픈 법이다.
그런데 내면의 목소리가 들린다.
"애가 죽었는데 밥이 입으로 들어가냐?"
"네가 그러고도 부모냐?"
이렇게 다그치는 그 목소리는 양심이 아니라 괴물이다.
"다른 나라에서는 전쟁 때문에 아이들이 굶어 죽는데,
너는 호의호식할 거냐?"
이런 비난도 양심을 가장한 괴물의 목소리일 뿐이다.

"착하게 살아야 한다."
어릴 때부터 수없이 들어온 이 말도 우리를 가스라이팅하는
괴물의 목소리인 경우가 허다하다.
오랫동안 길들여진 사람들은 양심과 괴물을 식별하기 어렵다.
그러나 식별하기 위해 노력해야 한다. 그러지 않으면
사기꾼들의 먹잇감, 사이코패스들의 노예가 된다.

두려움 없는 사람은 없다

"넌 왜 그렇게 겁이 많냐?"
"너 새가슴이구나."
어린 시절부터 청년기까지 가끔 듣던 말이다.
그 말이 듣기 싫어 강한 척, 담대한 척 사내답게 보이려 애썼다.
가끔은 정말 내가 달라졌다고 착각하기도 했다.

하지만 재개발 지역의 황량한 골목 한복판에서 밤을 보내며
마주한 건 내 안에 깊이 뿌리박힌 해묵은 두려움이었다.
그 감정이 미친 듯 날뛰기 시작했다.
마음속 깊숙한 곳에서 비웃는 소리가 들렸다.
"사내자식이 쫄기는? 그러고도 네가 남자냐?"
괴물이 혀를 차며 못마땅한 눈으로 나를 노려보았다.
바깥의 폭력배보다 그놈이 훨씬 더 잔인했다.
괴물은 내 자존심을 가차 없이 뭉개버렸다.

가끔은 이런 말도 들려왔다.
"하느님이 계시는데 뭘 두려워해? 그건 믿음이 없다는 증거야."
그러나 아무리 의도가 좋더라도 진정한 감정 공유를

허락하지 않는 집단, 두려움을 실패의 증거로만 보는 집단은
가학적 사이코패스, 괴물들이다.

두려움 없는 사람은 없다.
두려움은 인간이기에 가질 수 있는 감정이다.
철학자 키르케고르는 말했다.
"사람이 짐승이거나 천사였다면 두려움을 느끼지 못할 것이다.
사람은 짐승이며 동시에 천사이기에 두려움을 느낀다.
두려움이 클수록 더 위대한 사람이다."

두려움에 직면했을 때는 그로부터 충만하고 현실적인 삶의 방식을
배워야 한다. 두려움은 훌륭한 스승이 될 수 있다.
억누르고 억압하기만 하면 오히려 더 나쁜 질병이 찾아온다.
그래서 두려울 때는 두렵다고 외칠 수 있게 도와주는
지지 집단이 필요하다.

어린 시절, 나는 아버지가 무서웠다.
아버지는 늘 못마땅한 눈초리로 나를 바라보았다.
나는 언제 야단맞을지 몰라 쪼그라든 가슴을 안고 살아야 했다.
운동을 하면 좀 나아질까 싶어 호신술도 배웠다.
하지만 마음 깊은 곳의 나는 여전히 새가슴이었다.
신앙생활을 하면서 증세는 오히려 심해졌다.
목숨 걸고 신앙을 지킨 순교자들의 이야기에 나는 갈수록 작아졌다.

과연 나는 고문을 견디며 배교하지 않고, 순교할 수 있을까?
그럴 때마다 떠오르는 무서운 눈빛이 있었다.
못마땅한 눈으로 노려보는 존재.
그건 바로 내 마음에 도사린 괴물이었다.
그게 괴물이라는 걸 깨닫기까지 참 오랜 시간이 걸렸다.

이제 나는 당당히 소리친다.
"난 그런 건 못 해. 그럴 만큼 배짱 있는 사람이 아니야.
난 새가슴이야!"

사내는 감정을
드러내지 말아야 해

경직된 유교의 영향이 깊은 우리 사회에서는
전통적으로 솔직한 감정 표현을 극도로 부도덕하게 여겨왔다.
특히 남자는 감정을 드러내지 말아야 한다는 풍조가
지금까지 남아 있다.
"사나이는 태어나서 딱 세 번만 우는 거야."
이런 말이 우리 안에 깊숙이 내재해 있다.
그래서 울컥하는 감정을 꾹 눌러버리고 버럭 화부터 낸다.
그런데 이런 소리 역시 내 안의 괴물이다.
그 괴물은 훈련소의 악독한 조교처럼 내 여린 자아를 거칠게
몰아붙인다.

이런 괴물한테 쫓겨 굳은 얼굴로 살아가는 남자들이 의외로 많다.
그러나 자기 안의 미숙한 면을 숨기고, 상남자가 되려 애쓰는 것은
인격 성장에 도움이 되지 않는다.
감정을 억누르면 정신적 문제는 물론 신체적 고장까지 불러온다.

"신앙인은 감정을 드러내지 말아야 한다."
이 말에 낚인 이들은 거의 예외 없이 신경성 질환에 시달린다.

화가 날 땐 화를 내고, 울고 싶을 땐 우는 게 사람다운 것이다.
감정에 흔들림이 없다면, 그건 사람이 아니라 로봇이다.
그런데 내 안의 괴물은 나를 그런 로봇으로 만들려 한다.

나 역시 신앙에 입문한 후로 한동안 경건 콤플렉스에 휘둘렸다.
세상이 이토록 힘겨운데 나 혼자 웃고 떠드는 게 죄스러웠다.
그래서 얼굴에서 웃음기를 없애버렸다.
'진정한 종교인은 감정을 초월한 초연함을 유지해야 한다.'
이 병적인 생각이 내 안의 희로애락 기능을 마비시켰다.
이콘화Ikon畵 속 무표정한 이들이 가장 높은 영적 단계에 있는
것처럼 보였고, 나는 그들을 숭배하며 흉내 내려고 애썼다.

경건한 척, 기도하는 척, 세속을 멀리하는 척
온갖 영적 연출을 하다 보니 내 마음은 자만심으로 가득 찼다.
그러다 어느 순간, 내가 무슨 대단한 존재인 것 같은
과대망상에 빠졌다. 아마 거기서 조금만 더 나아갔으면
사이비 교주가 되었을지도 모른다.

감정은 마음의 근육이다.
몸의 근육처럼 마음의 근육도 자주 써야 건강하다.
우리나라 남성의 평균수명이 여성보다 짧은 데는 이유가 있다.
하루는 어느 본당 신부가 내게 이런 부탁을 했다.
"신부님, 강의 중에 우리 할아버지들 좀 웃게 해주세요.

한 번이라도 크게 웃으시면 너무 감사할 것 같아요."
강의 중 재미있는 이야기를 하면 할머니들은 깔깔대고 웃지만,
할아버지들은 무표정하게 앉아 있는 경우가 많다.
감정 근육을 쓰지 않으니 마음의 근육이 약해지고, 그게 결국은
수명을 줄이는 원인이 아닐까 싶다.

심리 치료에서는 가장 건강한 사람을 개구쟁이 같다고 말한다.
개구쟁이는 웃고, 떠들고, 싸우고, 울고, 삐치는 등
온갖 감정을 다 표현한다.
그렇게 사는 것이 마음 건강의 비결이다.
돌처럼 굳은 얼굴로 살다가 일찍 죽은 남자가 수두룩하다.

사람에게 정해진 팔자가 있을까

사람에게 팔자가 있느냐는 질문을 자주 받곤 한다.
팔자란 주어진 운명을 말하는데, 신학에서도 이와 유사한
개념이 있다.
이른바 운명 예정설이 그것인데, 이에 대한 해석은 다양하다.
어쨌든 그 질문에 대한 내 대답은 이렇다.
"있을 수도 있고, 없을 수도 있다."

팔자란 인생길을 말하고, 그 첫 번째 선택은 자유의지에 의한
것이니 그 자체를 팔자라고 보긴 어렵다.
하지만 일단 인생길을 선택하고 나면 그 길을 갈 수밖에 없으므로
그때부터는 팔자라고 말할 수도 있을 것 같다.
물론 그 선택조차 팔자가 아니냐고 말할 수도 있겠지만,
성장 과정에서 배움을 통해 '최선의 선택'을 익혀온 사람은
자신에게 주어진 인생을 팔자 탓으로 돌리지 않는다.
찌질한 사람들이나 팔자타령을 한다.

자격지심에 사로잡혀 자학적 삶을 살던 시절,
내 안의 괴물은 종종 이렇게 속삭였다.

"네 팔자가 그렇지. 넌 평생 이렇게 살다 죽을 놈이야. 한심한 놈."
그 소리에 쫓겨 불안해진 나는 여기저기 매달렸다.
심지어 신문에 실린 '오늘의 운세'에 하루를 맡기기도 했다.
그렇게 불안에 떨며 내 안의 폭군에게 목덜미를 잡힌 채 살았다.

사람에게 주어진 인생길의 행복 여부는 마음의 콤플렉스와
열등감 같은 것에 달려 있다.
콤플렉스와 열등감에 휘둘리는 사람은 돈이 아무리 많아도
자기 인생을 행복하게 만들 줄 모른다.
반면, 자존감과 자신감으로 충만한 사람은 적은 자원으로도
인생을 즐기고 행복하게 사는 법을 안다.
그런 의미에서, 팔자란 있을 수도 있고 없을 수도 있다.
요컨대 팔자는 자신이 만들 수 있다는 게 내 생각이다.

존중받는 법을
배우지 못한 사람들

시카고 드폴대학교의 더글러스 셀러 교수팀은 10년간의
교통사고 기록과 교통 위반 사례를 철저히 분석한 결과,
교통사고를 자주 내는 사람들의 공통점을 알아냈다.
요컨대 그들은 사람들이 싫어하는 성격의 소유자였다.
반대로 붙임성 있고 호감을 주는 사람은
교통사고를 일으킬 확률이 상대적으로 낮았다.
왜 그럴까?

사람들에게 미움받는 행동을 하는 이들을 우리는
흔히 '천덕꾸러기'라고 부른다.
어릴 때부터 존중받지 못하고 무시당한 기억을 지닌 사람은
어떻게 해야 남들의 사랑을 받을 수 있는지 잘 모른다.
민폐를 끼치는 행동은 자기 과시의 일종이다.
이런 사람은 내면이 열등감과 혐오감으로 황폐화되어 있다.
'왜 사람들이 나만 미워할까?'
이렇게 생각하는 순간, 감정의 폭풍이 일어나고
결국 좋지 않은 선택으로 이어진다.

하지만 이것은 진짜 내 생각이 아니다.
내 안에 들어앉아 나를 망치려 드는 괴물의 생각이다.
내 안에 기생하는 가짜 목소리. 이를 내 마음에서 쫓아내야 한다.
그것이 나로 하여금 미운 짓을 하게 하고 천덕꾸러기로 만든다.

이런 삶을 사는 것이 싫다면 작은 것일지라도
다른 사람들에게 칭찬받을 만한 일을 시작해보기를 권한다.
천덕꾸러기로 살다가 쓰레기 같은 인생으로 끝낼 것인지,
많은 이의 사랑을 받으며 그리움의 대상이 될 것인지는
자신의 선택이다.

실패할 거면 하지도 마

현실을 무턱대고 싫어하는 사람은 실패나 상처받는 걸
극도로 두려워한다.
실패할 바엔 차라리 처음부터 하지 않는 편이 낫다고 생각한다.
모험 정신이 없어 심한 경우 집 밖으로 나가지도 않는다.
거절이나 비판에 극도로 민감한 이러한 상태를 심리학에서는
이를 '회피성 성격장애Avoidant Personality Disorder'라고 부른다.

이런 성향은 대인 관계에서도 나타난다.
상처받느니 혼자 있는 게 낫다고 생각해서 친구를 사귀지 않는다.
설령 사귄다 해도 관계를 진전시키지 못한다.
이런 사람은 남들이 자신을 좋아하지 않을 거라는
병적인 피해망상적 믿음에 사로잡혀 있다.

"실패할 거면 하지도 마. 넌 해봐야 실패할 거야."
어린 시절 내 마음속에는 이런 목소리가 있었다.
그때마다 몸이 얼어붙는 듯했다.
작은 실수에도 사람들의 눈치를 봤다.
결국 자신감 없이 주뼛거리며 헤매는 주변인이 되어갔다.

그러다 심리 분석을 하면서 사람들 마음속의 폭군을 보았고,
사회심리를 공부하면서 사회를 억누르고 있는 괴물을 보았다.
괴물은 종교계 안에도 있었다.
칭찬은 없고 문제에 대한 책임 추궁만 하는 공동체,
상식이 통하지 않는 사회. 그건 거대한 감옥이나 다름없었고,
나는 그 안에 갇힌 소심한 죄수였다.

삶은 실수와 실패의 연속이었고, 그때마다 조롱과 핀잔을 들었다.
"우리가 다 해봤는데 그거 소용없어."
"왜 그런 걸 하면서 시간 낭비를 해?"
딴지를 거는 이들도 있었고, 아예 대놓고 핀잔하는 이들도 있었다.

상담을 받기 전에는 그런 비난이 두려워 말도 꺼내지 못했다.
"모난 돌이 정 맞는다"는 말을 경구처럼 새기며,
안전제일주의를 모토로 삼았다.
그런데 결과는 눈치만 보는 인생살이뿐 결실은 하나도 없었다.
그러나 내면을 고쳐가면서 내적인 전투력이 생겼고,
이후로는 전쟁터의 장수처럼 싸우며 살았다.
도전 의식을 갖고 내 영역을 넓히기 위해 최선을 다했다.
지금은 실패해도 마음에 별로 불편함이 없다.
그냥 새로운 경험을 하나 했다고 생각한다.
어쨌든 나는 우물 밖으로 나와 넓은 광야를 개척했고,
나를 비웃던 자들은 여전히 우물 안 개구리로 살고 있다.

사람이라면
당연히 해야지

우리 세대는 주입식 교육을 받으며 자랐다.
선생님이 가르쳐준 것을 달달 외우고, 가장 많이 외운 아이가
최고 평가를 받았다.
초등학교, 중학교, 고등학교를 거치며 그런 분위기는 더 심해졌다.
경직된 유교 신조를 새겨야 했고, 군사정권이 던져주는 어록에
충실해야 했다.

사회학자들은 이구동성으로 말한다.
"한국인은 어린 시절부터 학대받는 교육에 길들여졌다."
돌이켜보니 정말 맞는 말인 듯싶다.
그렇게 질문도 생각도 없이 살다 보니,
"사람이라면 당연히 해야 해"라고 외치는 폭군이
마음에 자리를 잡았다.

심리치료사 앨버트 엘리스는 이렇게 말했다.
"자신에게 '당연함'을 강요하지 말라."
무언가에 대해 명확함을 요구하고,
그걸 얻지 못하면 괴로워하는 것이야말로 인간이 겪는

노이로제(신경증)의 주요 원인이라고 한다.
엘리스는 이것을 '당연함의 폭력'이라고 부른다.
우리는 묻고 또 물어야 한다. "왜 당연히 그래야 하지?"
그렇게 마음에서 작은 혁명이 일어나야 한다.
'당연함'이라는 절대자, 그 폭군을 무너뜨려야 한다.

청년 시절, 꿈에 부풀어 신학대학에 들어갔다.
평소 궁금해하던 철학적·신학적 질문을 실컷 던지고 싶었다.
그런데 첫 강의부터 대실망이었다.
질문을 허용하지 않는 주입식 교육. 수많은 과제를
의문 없이 외워야 하는 분위기에 질식할 것만 같았다.
모든 강의 앞에는 어김없이 '당연히'라는 부사가 따라붙었다.
이렇게 살다가는 뇌가 마비될 것 같아 반항하는 마음으로
인문학 서적들을 탐독했다.

이후 영성심리를 공부하면서 '종교 정신병리'에 관심을 갖게 됐다.
특히 사이비 종교의 실체가 궁금했다.
왜 말도 안 되는 교리에 멀쩡한 사람들이 휘말릴까?
그 이유는 곧 밝혀졌다.
바로 '치아 공격성'이 약하기 때문이다.
입속의 치아처럼 마음에도 치아가 있다. 입속의 치아가
음식물을 씹듯 마음의 치아도 생각을 씹는 기능을 해야 한다.
외부에서 들어오는 정보를 잘근잘근 씹듯 비판하고,

꼼꼼히 분석해야 한다.
그래야 뇌가 깨어나고 생각이 자란다.

그런데 어릴 때부터 외우는 교육만 받아온 사람은 외부의 정보를
그냥 삼켜버린다. 바로 이런 사람이 순종적인 태도로 살아가며,
사이비 종교에 빠지는 것이다.
그런 사이비 종교의 먹잇감이 되지 않으려면 반드시 반문해야 한다.
"왜 그래야 하는데?"
음식을 오래 씹을수록 건강에 좋은 것처럼 생각도 씹고 씹어야
진짜 마음의 양식이 된다.

우리 사회에는 '사육된 사람'과 '양육된 사람',
그리고 '사육자'와 '양육자'가 존재한다.
정치인이든 종교인이든 사육자는 국민이나 신자에게 스스로
생각할 여유를 주지 않는다.
반면, 양육자는 스스로 생각할 여지를 준다.
어느 분야든 야비한 사육자와 건강한 양육자가 있다.
당신은 어느 쪽을 택하겠는가?

일등 아니면
의미가 없어

우리는 어린 시절부터 일등이 되기 위해
피나는 노력을 하며 살아왔다.
하지만 심리학자 알프레드 아들러는 '일등주의'를 경고한다.
일등에 대한 집착은 끊임없는 내적 열등감의 발로이며,
결과적으로 아무런 도움도 되지 않는다는 것이다.

상담소를 찾아온 50대의 여성.
그녀의 부모는 일류대 출신의 대학교수로, 일등이 아니면
아무것도 인정하지 않았다.
어린 시절부터 무의식적인 압박에 시달렸고,
결국은 고등학교 때 정신병 진단을 받았다.
정신병은 보통 스트레스를 견디지 못한 사람의 도피처라고 하는데,
상담하며 정말 그렇구나 싶었다.
결국 대학도 못 가고 취업도 하지 못한 채,
없는 자식 취급을 받다가 젊은 나이에 세상을 떠났다.
존재감도 없이 유령처럼 슬그머니 왔다가 연기처럼 사라졌다.

일등주의자는 의외로 열등 콤플렉스Inferiority Complex를 갖고 있다.

자신의 실패를 변명하거나 합리화하려는 의식적 작용이다.
이런 열등감에 빠진 사람의 인생관은 독특하다.
세상을 모두가 경쟁하는 거대한 경기장이라고 생각한다.
그래서 친구가 없다.
항상 누군가가 치고 올라올까 봐 불안해하고,
시간이 갈수록 의심이 많아지며, 스스로 불신의 벽을 쌓아 올린다.

다른 사람이 실패하면 자신의 성공 가능성이 높아진다고 여긴다.
그래서 남이 잘못되었을 때 슬퍼하기보다
'내가 운이 좋다'며 안도한다.
자기보다 잘나가는 사람이 나타나면 끊임없이 질투하고 험담하며
끌어내리고 싶어 한다.

나는 오랫동안 쫓기듯 살아왔다.
뭔가 일이 꼬이기 시작하면 쉽게 손을 놓았다.
마라톤에서 뒤처진 선수가 완주하지 않고 경기를 포기하듯….
"일등이 아니면 의미가 없어."
내 안에서 들려오는 빈정거림에 다리 힘이 빠졌다.
그렇게 포기할 때마다 또 다른 소리가 들려왔다.
"너는 끝까지 해내는 게 없어. 평균치도 못 되는 인간이야."
하지만 그 소리가 내 안의 폭군 때문이라는 걸 깨달은 후에는
'즐기는 삶'을 살기 위한 훈련을 했다.
그러자 신기하게도 살맛이 나기 시작했다.

일등족은 피곤하다.
수명을 단축하고 싶다면 일등을 향해 달려가라.
오래 살고 싶다면 지금 이 시간을 즐겨라.
"HIC ET NUNC (Here and Now)."
철학자들의 오래된 경구다.

너 혼자 해결해

큰일이든 작은 일이든 혼자 해결해야 직성이 풀리는 사람이 있다.
다른 사람에게 부탁해도 전혀 문제가 없는 일인데도 말이다.
도움을 청하는 자신이 괜히 초라해 보일까 봐 두렵기 때문이다.
그들은 무슨 일이든 자신이 나서야만 제대로 돌아간다고 믿는다.
누가 시키지도 않았는데 모든 일을 도맡는다.
언뜻 보면 책임감 강하고 완벽을 추구하는 성격처럼 보인다.
하지만 실상은 자존감이 낮고, 자기 비하 감정을
제대로 다루지 못한 결과다.
이런 사람은 대체로 자기중심적이고 폐쇄적인 경향이 많다.
그러다 결국엔 감당 못 할 큰일을 겪을 가능성이 높다.

속칭 '애어른'은 매우 어설픈 어른으로 성장한다.
좋게 말하면 자수성가형이지만 고집불통이 되기 쉽다.
주위 사람들도 지쳐 떨어져 나간다.
자신이 만능이라는 생각은 일종의 망상인데도 거기서
빠져나오질 못한다.
창피하더라도 도움을 청해야 한다.

2 나는 내가 왜 미웠을까

어린 시절, 아버지는 내게 거대한 벽 같은 존재였다.
어떤 대화도 통하지 않고, 공감도 되지 않는 딴 나라 사람이었다.
"너 혼자 해결해. 그것도 못 해?"
그 말이 어린 내 마음속에 깊이 각인됐고,
나중에는 내 마음 안의 폭군으로 자리 잡았다.

그래서 나는 어릴 적부터 내 일을 누구하고도 상의하지 못했다.
죽이 되건 밥이 되건 무조건 혼자서 해결했다.
뭔가를 물어본다는 건 내게 너무나 어려운 일이었다.
도움을 청하는 게 '쪽팔리는 짓'이라고 생각했다.
당연히 내가 한 일의 결과는 시원치 않았고, 돌아오는 건
핀잔과 무시하는 눈빛뿐이었다.
'다른 사람은 혼자서도 잘만 하는데, 나는 왜 이럴까?'
수모를 겪으면서도 오히려 나 자신에게 화를 냈다.
'등신 같은 놈이 그것도 제대로 못 하냐.'

도움을 받는 게 중요하다는 걸 깨닫는 데 참 오랜 시간이 걸렸다.
물어보기만 했어도 금방 길을 찾을 수 있었을 텐데,
괜히 온갖 시행착오를 겪었다.
"경험을 많이 한 사람이 인생의 베테랑."
때론 이렇게 자위하지만 길을 못 찾아 헤매는 무능함을
이런 식으로 미화해서는 안 된다.

사람의 인생은 자신이 할 수 있는 일과 할 수 없는 일로 나뉜다. 할 수 있는 일에는 최선을 다하되, 할 수 없는 일은 주저하지 말고 도움의 손길을 받도록 하자.

말 잘 들어

아이가 말을 안 듣는다고 하소연하는 엄마가 의외로 많다.
반면, 아이가 순해서 속을 안 썩인다고 자랑하는 부모도 있다.
과연 어떤 아이가 나중에 건강한 어른으로 성장할까?

영국의 분석심리학자 마이클 포드햄은 이렇게 말했다.
"아이의 공격성이나 분노는 그 나름의 정당한 뿌리를 갖고 있다.
억압에 의해 제거되지 않은 감정은 반항을 통해 표출된다.
부모 말을 잘 듣고 착하기만 한 아이는 결국 부모에게 맞설 힘을
기르지 못하고, 의존적 존재가 되어버린다."

아이에게 부모는 사회, 나아가 집단의 상징이다.
그런 부모에게 맞서지 못한 아이는 사회나 집단에서도
스스로를 숨긴 채 순응하며, 결국 집단의 운명에 따라
움직일 수밖에 없다.

창의성은 기존 질서에 대한 반항에서 시작된다.
질문을 던지고, 의심하고, 새로운 생각을 시도하면서
인간적인 성장도 이루어진다.

반면, 착하고 순종적인 아이는 부모 속을 썩이지 않지만,
나중에는 '자기'가 사라진 신경증적 어른이 되고 만다.
그리하여 활기 없는 삶, 기계처럼 반복되는 삶을 살아간다.

내담자 중 상당수가 '신경증적 우울증Neurotic Depression'에
시달린다. 오랫동안 쌓인 스트레스와 불안을
건강한 방식으로 해소하지 못한 결과다. 이들은 흔히 모범생,
특히 신앙 공동체에서는 '독실한 신자'라는 평가를 받는다.
착하게 살면 복을 받는다는 말이 무색할 정도다.
이들의 마음속에는 거대한 독재자가 군림하고 있다.
"말 잘 들어. 안 그러면 큰일 나."
끊임없이 겁을 주고 몰아대는 존재다.
이런 괴물한테 쫓기는 사람은 스스로를 학대한다.

'착한 아이 콤플렉스'라는 게 있다.
어린 시절, 내 마음 한구석엔 늘 찜찜한 감정이 있었다.
하늘 같은 존재라 믿었던 선생님의 한마디 빈정거림이 돌처럼
가슴에 박혔다.
"모든 사람한테 잘해야 해."
그때부터 착한 아이가 되어야 한다는 강박이 생겼다.
"누군가의 마음을 상하게 하면 안 돼."
끊임없이 몰아대는 목소리, 그건 내 안의 괴물이었다.
나는 오랫동안 남의 비위를 맞추는 반려견처럼 살았다.

하지만 지나친 순종은 나를 변화시키지 못했다.
오히려 사람들이 나를 자기 기분대로 휘두르고 학대하게 만들었다.
마음을 공부하며 내 안의 거대한 콤플렉스 덩어리를
하나하나 깨뜨리기 시작하면서,
나는 드디어 나를 옥죄는 밧줄을 끊어낼 수 있었다.

사람들이 너를 알면 실망할 거야

"사람들이 나를 알면 실망할 텐데…. 저 사람들은
내 본모습을 모른 채 나에게 실제 이상을 기대하고 있어.
언젠가 내 진짜 모습을 보면 실망하지 않을까?"
어느 사제가 내게 한 말이다.

자신은 그럴 자격이 없다고 느끼는 불안 심리.
이를 자격지심, 심리학 용어로는 '가면 증후군'이라고 부른다.
이런 감정은 성공한 사람일수록, 특히 남을 가르치는 교육자나
종교인일수록 더욱 심하다.
서품을 앞둔 부제들은 심한 심리적 몸살을 앓기도 한다.
'내가 과연 사제 자격이 있을까?'
'사람들을 기만하고 있는 건 아닐까?'
불안이 극심해지면서 신경증적 증세를 보이기도 한다.

사제가 된 후에도 심리적으로 연약한 신부는 끊임없이 자책하고
자기 고문을 한다.
자신이 마치 신자들을 속이고 있는 것처럼 느끼기 때문이다.
그런데 문제는 이런 고백을 들은 신자들은

치료가 필요한 것 같다고 말하기보다 참 인간적이고
겸손한 신부라고 칭찬한다는 것이다.
결국 그 칭찬이 증세를 더 악화시키기도 한다.
이런 사제는 사목에 온전히 집중하기 어렵다.
그러다 가면이 벗겨질 듯한 상황이 닥치면 아예 옷을 벗어버리는
경우도 있다.

왜 이런 마음이 드는 것일까?
"사람들이 너를 알면 실망할 거야."
이렇게 비웃는 내 안의 괴물 때문이다.
"네가 신자들 앞에 나설 자격이 있다고 생각해?
내가 네 가면을 벗겨줄 거야."
이렇게 겁박하는 존재 때문이다.

이럴 땐 약간은 뻔뻔해질 필요가 있다.
"사람들은 내가 생각하는 것만큼 나한테 관심이 없어."
"다른 사람들도 결국 나랑 다를 바 없어."
진짜 뻔뻔한 건 내 안에서 나를 비웃는 그 괴물이다.

나 역시 자격지심에 시달렸다.
갓 서품을 받고 첫 부임지로 갔을 때 열렬히 반겨주는
신자들을 보며 갑자기 겁이 났다.
'이 사람들이 내 실체를 알면 어떻게 하지?'

'진짜 나에 대해 알게 되면 얼마나 실망할까?'
두려운 마음에 스스로를 꽁꽁 감쌌다.
속을 들킬까 봐 조심에 조심을 거듭했고,
신자들을 만나고 사제실로 돌아오면 파김치가 되어 쓰러지곤 했다.

시간이 흐르면서 문제가 더 커졌다.
내면의 진짜 모습을 감추며 연기자처럼 행동하는 나 자신이
위선적으로 느껴지기 시작했고, 누군가 내 안의 어두운 면을
조금이라도 건드리면 소스라치게 놀라는 증상이 생겼다.
이후엔 강론조차 하기 힘들어졌다.
"네가 감히 신자들에게 강론을 해? 네가 그러고도 신부야?"
괴물이 외쳐대는 소리를 잠재우기 위해 매일 술을 마셨다.

자기 자신을 있는 그대로 받아들이라는 심리 치료의 격언을
배우지 못했다면 알코올에 중독되어 죽었을지도 모른다.
이중적인 나 자신을 혐오하면서 말이다.
사람은 누구나 쪼잔하고, 유치하고, 이중적이다.
그 사실을 있는 그대로 받아들일 수 있어야 편해진다.
그러지 못하면 평생 자기 고문을 하며 살아야 한다.

죽을힘을 다해야 성공한다

"젖 먹던 힘까지 다 써야 해."
"죽을힘을 다해야 성공할 수 있어."
어릴 때부터 귀에 못이 박히도록 들어온 말이다.
실제로 그렇게 사는 사람도 많이 보았다.
잠도 제대로 자지 않고, 끼니도 거르면서 일만 하는 사람은
스스로 인간의 한계를 뛰어넘을 수 있다고 믿는다.
사회 역시 이들을 부추기며, 그걸 미덕이라고 추켜세운다.
하지만 이들의 말로는 비참하다. 몸이 버티질 못해 병상에 눕거나,
젊은 나이에 세상을 떠나기도 한다.
아프리카의 얼룩말이 포식자에게 쫓기다가 지쳐 죽는 것처럼.

그렇다면 누가 이렇게 비정상적으로 열심히 일할까?
대부분 과거에 깊은 마음의 상처를 입은 사람이다.
이들은 상처 입은 자신을 못난 사람이라고 여긴다.
그래서 어떻게든 잘하는 모습을 보여줘야 한다고 믿는다.
어떤 일에 실패하면 인정받지 못할 거라는 강박에 시달리는 것이다.
이런 사람의 마음속에는 난폭한 사냥꾼이 산다.
그 마음의 주인을 끝까지 몰아붙이는 내면의 존재다.

신념을 가장한 괴물이다.
이런 마이너스 요인을 안고 사는 사람은 자신을 학대한다.

고등학교 시절, 선생님들은 한결같이 말했다.
"성공하려면 잠도 자지 말고, 놀지도 말고,
오로지 공부에 매진해라!"
나는 그 말에 사로잡혀 하루하루를 버텼다.
청년 시절, 군부 정권은 사람을 사람으로 보지 않았다.
"하면 된다. 안 되면 되게 하라!"
그 구호에 떠밀려 쫓기는 삶을 살았다.
신앙생활도 마찬가지였다. 하느님 마음에 들려면
완전한 사람이 되어야 한다는 말을 수없이 들었다.
게으른 영혼은 지옥에 간다는 협박성 설교에 주눅이 들곤 했다.
그러다 보니 어느새 내 마음에는 영혼을 채찍질하며 몰아대는
괴물이 뱀처럼 똬리를 틀고 자리를 잡았다.

괴물은 나를 끊임없이 괴롭혔다.
성공하려면 고통 따윈 감수해야 한다며 나를 다그쳤고,
내 마음과 영혼은 날로 피폐해졌다.
삶의 보람은커녕 살맛조차 잃고 얼굴에선 웃음기가 사라졌다.
제대로 자지도 먹지도 못해 갈비뼈가 앙상하게 드러났지만,
괴물은 여전히 윽박질렀다.
"이 정도는 감내해야 성공하지!"

나는 결국 탈진 증후군과 우울증, 불안증에 시달렸다.

자기 자신을 훈련하는 것과 학대하는 것은 전혀 다르다.
페이스를 조절하며 나아가는 삶은 자신을 한 단계 성장시키지만,
스스로를 몰아세우고 학대하는 삶의 끝에는 자기 파괴적
죽음만이 있을 뿐이다.

겸손해야 해

우리 주위엔 지나치게 낮은 자세를 취하는 사람이 종종 있다.
자리를 권해도 한사코 사양하고, 손사래를 치며 뒷전으로 물러난다.
언뜻 보면 참 겸손한 사람이구나 싶지만, 왠지 모르게 뒷맛이
개운치 않다. 그런 겸손이 진정성보다는
열등감에서 비롯된 것처럼 느껴지기 때문이다.

열등감 때문에 스스로 꼬리를 내리고 한없이 낮아지는 사람하고는
교감은커녕 대화를 나누기조차 힘들다.
심리학에서는 이런 태도를 '거짓 겸손'이라고 부르는데,
이런 사람은 삶의 모순과 인간의 복잡성을 받아들이지 못한다.
상대가 화라도 내면 어쩔 줄 몰라 하며 얼어붙는다.
그리고 그런 불안을 감추기 위해 남들의 비위를 맞추는 데
필사적이다. 하지만 결국 사람들에게 이용만 당한 채 세상에
제대로 적응하지 못한다.

그럼에도 그 쳇바퀴에서 벗어나지 못하는 이유는
이미 가스라이팅 상태에 빠져 있기 때문이다.
학교에서, 교회에서 "겸손해야 한다"는 말을 수도 없이 듣는다.

하지만 진정한 겸손이란 무엇인가?
우리는 사양하고 배려하는 태도를 겸손이라고 배웠지만,
지나치게 병적인 겸손은 일종의 정서적 폭력을 초래한다.

젊은 시절, 나는 '겸손한 사람'이라는 말을 듣기 위해서
무진 애를 썼다. 심지어 할 줄 아는 것도 모른 척했다.
그게 진정한 겸손이고, 성인聖人의 삶이라 믿으며 살았다.
그런데 어느 날 문득 내가 변두리로 밀려나 있다는 걸 깨달았다.
사람들은 나를 '생각도 없는 애'라고 치부했다.
겸손하려고 애쓸수록 자신의 감정과 생각은 사라진다.
그건 자기부정이고 자기 학대며, 자해 행위에 지나지 않는다.
내가 고개를 숙이면 반드시 그 위를 밟고 지나가는 사람이 있다.

진정한 겸손이란 자신을 있는 그대로 받아들이고,
솔직하게 드러내는 것이다.
자신을 감추는 것은 겸손이 아니라, 거짓된 자기 연출이다.
그렇게 살아가는 것은 결코 건강한 삶이 아니다.
겸손을 뜻하는 영어 Humility는 라틴어 Humus, 즉 '땅'에서
유래했다. 겸손이란 엉성하고 낮아지는 삶이 아니라,
땅처럼 단단하고 흔들림 없는 삶을 의미한다.
그래서 나는 고개를 들고, 등을 곧게 펴고, 당당하게 살아가려
노력 중이다.

올바르게 살아

아이들은 어른으로부터 아무런 구체적 설명도 없이
이런 말을 듣곤 한다. "올바르게 살아야 해."
이런 막연하고 추상적인 윤리적 신념을 강요받으면,
아이들 마음속에는 어느새 촘촘한 그물망이 만들어진다.
심리학에서는 이를 '내사'라고 부른다.
자아를 심리적 감옥에 가두고, 스스로를 끝없이 조이는 것이다.

이런 사람은 겉으론 법 없이도 살 수 있다는 칭찬을 듣지만,
그 내면은 황폐하기 짝이 없다.
더 심각한 것은 그런 칭찬을 들을수록 자책이 들고,
그 자책이 용서받고 싶은 욕구를 불러일으켜 종교에 의지하게끔
만든다는 점이다. 하지만 종교는 그런 사람에게 더 높은 기준을
제시하고, 그 기준에 맞춰 도덕적으로 성장하라고 강요한다.
말 그대로 불난 집에 부채질하는 격이다.

이처럼 높은 가치 기준에 갇혀 살면, 타인에 대해서도
감당하기 어려운 도덕적 잣대를 들이댄다.
그러다 보면 결국 병적인 우월감에 사로잡혀

주위에 아무도 남지 않는다.
우리의 인생은 결코 직선이 아니다. 강물처럼 구불구불 흐르고,
수많은 우여곡절과 파란만장의 연속이다. 아무런 흠결 없이
반듯한 인생을 산다는 건 현실적으로 불가능하다.

수도원에 들어가고 싶은 열망으로 가득했던 젊은 시절,
나는 비슷한 뜻을 가진 친구들과 작은 단체를 만들고,
'하느님의 뜻에 맞는 올바른 삶'을 살자며 결의를 다졌다.
그런데 시간이 지나면서 이상한 조짐이 나타났다.
올바르게 살고자 애쓰는 내가 점점 특별한 존재처럼 느껴졌고,
그렇지 못한 사람을 은근히 무시하는 마음이 생겼다.
일명 '바리사이 콤플렉스', 병적인 선민의식이었다.

그리고 이상하게도 내 얼굴에서는 웃음기가 사라지고,
내 말에는 유머 대신 독기와 날 선 기운이 스며들었다.
나는 사람들을 피곤하게 만드는 독살스러운 괴물이 되어가고 있었다.
그 결과 동료들조차 나를 점점 멀리하기 시작했고,
결정적으로 수도원에서조차 나를 받아주지 않았다.
시간이 지나 돌이켜보니 당시 나는 캄보디아에서 수많은 이들을
학살한 독재자 폴 포트 같은 존재였다는 생각이 든다.
지금은 종교적 사이코패스가 되지 않기 위해 애쓰는 중이다.

이해득실을 따지지 말라

"친구 사이에는 이해관계가 없어야 한다."
"이해득실을 따지는 건 사람의 도리가 아니다."
이런 식으로 마치 모든 걸 초월한 듯 말하는 사람이 있다.
그런 이야기를 듣노라면 자책감이 들기도 한다.
'나만 잔머리를 굴리며 사는 건 아닌가?'
하지만 그런 말은 대부분 허세에 가깝고 몽상에 불과하다.

아무리 입으로는 아름다운 말을 해도 사람은
현실을 무시하며 살 수 없다.
의식하든 못 하든 우리는 늘 이해득실을 따지며 살아간다.
인간관계도 예외는 아니다.
어떤 관계든 손익 균형이 맞아야 건강하게 유지된다.
서로 손해를 끼치지 말아야 한다.
내가 이득을 보면 상대도 이득을 봐야 한다.
이해득실을 무시한 관계는 현실에서 오래가지 못한다.

인간관계를 소중히 여긴다면, 오히려 이해득실에 더 민감해야 한다.
다행히 우리 마음에는 손익 계산기가 있다.

우리가 행복을 선택하는 이유는 이 손익 계산기가 그렇게 하는 게
우리한테 이득이 될 거라 판단했기 때문이다.
이기심도 결국은 자기 행복을 추구하는 자연스러운 감정이다.
적절한 이기심은 우리 모두를 더 건강하게 만든다.
무조건 헌신만 하다 보면 현실에서는 헌신짝처럼 버려지기 쉽다.

수도자는 세 가지 서원을 하는데, 그중 하나가 청빈 서원이다.
청빈은 가난하게 사는 것, 곧 홀가분한 삶을 뜻한다.
하지만 청빈에 집착하면 이상한 현상이 생기기 시작한다.
겉으로 드러나는 가난에 집착하며,
그것으로 내면의 수준까지 판단하려 한다.
누가 더 가난하게 사는지 내기하듯 따지려 든다.
내면이 성숙하지 못한 사람일수록 이런 경향이 두드러진다.

더 큰 문제는 그 잣대를 자기 자신에게도 들이댄다는 점이다.
그래서 이상한 풍조에 사로잡히고 만다.
'돈에 대한 집착은 물론, 돈 생각 자체를 하지 말아야
진짜 신앙인이다.'
심지어 돈을 만지는 것조차 꺼리는 신경과민자도 있다.
그 결과, 마음속 생존 기제인 손익 계산기에 문제가 생긴다.
하느님이 인간에게 부여한 생존 본능, 즉 손익 계산기를 세속적인
것이라 여겨 없애려는 것은 매우 무지한 행동이며,
결국 세상 물정 모르는 의존적이고 미숙한 사람을 만들어낸다.

이들은 비현실적 삶을 살면서도 자신이 영적 삶을 사는 줄로 착각한다.
말 그대로 구제 불능자다.

다 지난 일이야

누군가 역경에 처해 힘들어할 때 옆에서
의미 없이 위로 아닌 위로를 건네는 사람이 있다.
"시간이 지나면 다 잊게 돼."
"지나고 보면 괜찮아져."
정말 시간이 모든 걸 해결해줄까?

시간이 흐르면 마음의 고통이 줄어들 수는 있다.
하지만 그것이 진정한 치유일까?
초기의 충격은 가셨을지 모르지만, 그 여파에서 완전히
벗어나지 못하는 사람도 많다.
"시간이 약"이라는 말은 상처가 작을 때나 가능한 이야기다.
큰 충격은 뼈가 부러지는 것과 같다.
제대로 치료하지 않으면 절대 회복되지 않는다.

올바른 치료를 받지 못하면 현실 속 상황은 물론,
상상만으로도 위협을 느끼며 과민하게 반응한다.
합리적 판단이 어려워지고 건강한 관계를 맺지 못하며,
자신의 잠재력을 발휘하지 못한다.

결국 자기 삶을 온전히 이끌어가는 데 실패하고 좌초한다.

몸의 상처는 시간이 지나면 아문다.
그러나 마음의 상처는 돌보지 않으면 죽을 때까지 피를 흘린다.
마음은 우리가 생각하는 것처럼 강하지 않기 때문이다.
그래서 지난 일이라도, 다시 드러내어 치유해야 한다.

우리 인생은 맨발로 가시밭길을 걷는 것과 같다.
살아가다 보면 가슴속에 수많은 크고 작은 가시가 박힌다.
그 가시들을 빼내지 않으면 어떻게 될까?
잊고 살아갈 수는 있지만 통증은 남아 있고,
언제든 염증을 일으켜 큰 병으로 번질 수 있다.

신앙인은 어떤 고난도 참아야 한다는 말을 자주 듣는다.
주님께서 모든 고통을 감내하고 부활의 영광을 누리셨는데,
작은 고통조차 견디지 못하느냐고 다그치거나,
가시관을 쓰고 십자가에 못 박히신 주님을 본받으라며
심약한 신자들을 겁박하는 경우도 있다.
그런 말이 각인되면 자기 마음이 피를 흘릴 때조차 돌보지 못하고,
스스로를 무시하며 자학적 삶을 살게 된다.

하지만 고통스러웠던 지난 일은 사실 '지난 일'이 아니다.
가시가 여전히 박혀 있다면 그 일은 지금도 현재진행형이다.

종교인의 무지無知가 많은 신자의 병을 악화시킨다.
그래서 종교인이 짓는 죄 중 가장 큰 죄가 바로
'무지'라는 말이 있는 것이다.

종교인은 사람 마음, 특히 마음속 상처에 대한 공부를 해야 한다.
그러지 않으면 작은 상처를 암 덩어리로 만드는
큰 죄를 짓게 될 것이다.
이미 이런 사례들이 종교 안에서 빈번하게 발생해왔다.
마녀사냥만큼 무서운 종교범죄이다.

모범생이 돼야 해

어린 시절부터 귀에 딱지가 앉도록 들은 말이 있다.
"모범생이 돼야 해."
일탈은 추호도 허용되지 않았다.
기대에서 벗어나면 큰일 난다는 경고의 목소리에
온갖 대가를 치르면서 모범생의 길을 가려고 몸부림쳤다.

경직된 사회일수록 개인에게 부과하는 도덕적 규범은 제약적이다.
그런 사회는 작디작은 동물 우리와 같다.
사람의 진정한 욕구와 창의성을 북돋우기보다 사회의 기대에 맞춰
역할 연기를 하며 살기를 강요한다.
그걸 추종하는 사람은 자신이 정도正道를 걷고 있다며
만족할지 모르지만, 사실은 퇴행하고 있는 것이다.

영국의 심리학자들이 정해진 코스를 운행하는 버스 기사와 손님이
원하는 대로 경로를 선택하는 택시 기사의 뇌 활성도를 비교했더니
후자의 뇌가 훨씬 활발하게 작동한다는 결과가 나왔다.
융통성 없는 사람은 자신에게 내사된 사회규범이 끊임없이
울려 퍼지는 노예적 삶을 산다.

인간은 언젠가 값비싼 희생을 치르더라도 고통을 감수하며
자주성을 선언해야 하는 시기를 맞는다.
이는 본능적 욕구가 창조적으로 활동하고 있다는 증거다.
따라서 탈선 경향을 무조건 억누를 게 아니라,
그것이 진취적인 방향으로 흐르도록 만들어야 한다.
그런 모험을 하지 않으면 존재감 없는 로봇 인간에 불과하다.

《성경》에는 아버지 곁에서 집을 지킨 큰아들과 가출해
방탕한 삶을 산 작은아들 이야기가 나온다.
모범생 콤플렉스에 빠져 있던 시절의 나는 반듯하고 성실하게
집을 지키는 큰아들을 바람직한 인물로 여겼고,
가출한 작은아들을 방탕한 사람으로 여겼다.
그런데 내 마음은 오히려 작은아들의 성향이 더 강했다.
요컨대 나는 헤르만 헤세의 《나르치스와 골드문트》에 나오는
경건한 나르치스를 부러워하는 방랑자 골드문트였다.

그러나 나이가 들면서 반듯하고 모범적인 모습의
이중성이 보이기 시작했다.
마치 포장은 멀쩡한데, 그 안에는 썩은 생선이 들어 있는 듯했다.
심리 분석을 공부하면서는 인간의 내면이 얼마나 복잡다단한지,
오랫동안 품어온 열등감이 얼마나 근거 없는 것인지를 깨닫고
내 영혼에 씌인 굴레를 벗겨낼 수 있었다.

내 안에는 큰아들과 작은아들의 원형이 공존한다.
그중에서도 작은아들의 에너지가 넘쳐흐른다.
예전과 달리 지금은 그런 내가 자랑스럽다.

사람이라면
굳센 신념을 가져야 해

"사람이라면 굳센 신념을 가지고 살아야 해."
옛 어른들은 아이들에게 엄숙한 얼굴로 이렇게 가르쳤다.
신념이 없는 사람은 덜된 사람 취급을 받았다.
그러나 사실상 굳센 신념은 대부분 편견에 불과하다.
"나는 편견이 없는 사람이다."
나는 이렇게 말하는 사람을 편향된 거짓말쟁이라고 생각한다.

대부분의 사람은 자기 생각을 바꾸려 하지 않는데,
그것이 바로 편견을 가진 상태다.
편견이 심할수록 굳센 신념을 강조하는데, 이런 사람은
파괴적 성향을 지니는 경우가 많다.
중국의 홍위병, 캄보디아의 크메르루주, 히틀러유겐트,
마녀사냥을 저지른 광신도가 이런 유형의 대표적 사례다.

인간은 죽을 때까지 편견 속에 살다가 죽는다.
그 이유는 알량한 자존심 때문이다.
남에게 틀렸다는 이야기를 들으면 반감을 품고,
자기 생각이 잘못되었음에도 고치려 하지 않는다.

쓰지 않는 물건을 다른 사람이 가져가려고 하면 괜히 아깝게
느껴지듯 누군가 자신의 신념을 건드리면 쓸데없이 집착한다.
그러면서 그것을 굳센 신념이라고 착각한다.

우리가 말하는 굳센 신념은 사실 개뼈다귀 같은 편견에 불과하다.
신념은 본래 끊임없이 변화해야 하므로 '굳세다'라는 단어하고는
어울리지 않는다.
자기 신념이 굳세다고 말하는 사람은 의외로 쉽게 무너진다.
그런 편견을 심어준 우두머리가 사라지면,
어미 잃은 새끼 짐승처럼 힘을 잃고 사방으로 흩어진다.
그렇게 사회의 그늘 속으로 숨어든다.

하지만 종교계의 편견 덩어리는 그렇게 쉽게 무너지지 않는다.
종교인 중에는 유독 '하느님의 뜻' '믿음' '헌신' 같은
추상적이고 애매한 단어를 자주 사용하는 이들이 있다.
그들은 스스로 하느님의 뜻에 따라 살고 있다고 믿으며,
자신이 다른 사람들을 이끌어야 할 모세 같은 존재라고 착각한다.
이런 사람에게 가스라이팅을 당한 이들은
"예수 천당, 불신 지옥"을 외치며 거리를 헤매기도 한다.
심지어 사이비 종교인 중에는 추종자를 심리적 노예로 만든 뒤
성 착취, 노동 착취를 저지르는 경우도 적지 않다.
이런 자들은 대부분 종교적 편견에 사로잡힌 과대망상자이거나,
영적 연출로 사람들을 속이는 사기꾼이다.

그런데 왜 이런 자들에게 속는 걸까?
그 광신적 편견을 범접할 수 없는 초월적 신념이라고
착각하기 때문이다. 그런 편견에 속지 않으려면
매일매일 나의 편견을 깨는 공부를 해야 한다.
자신의 생각에 의문을 가져야 한다.
의문을 품고 질문을 시작할 때 비로소 인간다운 인간이 된다.
아무런 의문 없이 묻지도 따지지도 않고 복종하면 결국
사이비 종교인의 노예가 되고 만다.

내 안의 보물을 발견하는 여정

"난 왜 이렇게 바보 같을까?" "나만 왜 이렇게 힘들까?"
우리는 끊임없이 스스로를 자책한다.
나의 마음은 마치 길을 잃은 아이처럼 불안하고 고통스럽다.
그러나 우리 마음속에는 '자기애'라는 보물이 존재한다.
그렇다면 우리는 왜 이것을 잃어버린 것일까?
나는 이 질문에 답하기 위해 나의 내면으로 깊이 들어갔다.
이 글은 스스로에게 상처를 주던 마음의 습관을 바꾸고,
있는 그대로의 자신을 따뜻하게 받아들여,
자기 이해와 사랑을 되찾는 여정으로 안내한다.

내 인생은
내가 만든다

우리는 매일 저마다의 인생을 만들며 살아간다.
자신을 다듬고, 때로는 주변 사람들의 삶에 영향을 주며
함께 성장한다. 스스로에게 멘토가 되기도 하고,
다른 이들의 멘토가 되어주기도 한다.
물론 어떤 사람은 내 인생을 살아가는 데 도움을 주기도 한다.
하지만 아무리 유능하고 훌륭한 사람이라 해도 내 인생 전부를
대신 만들어줄 수는 없으며, 그래서도 안 된다.
결국 마지막 선택은 내 몫이고, 내 인생에 대한 책임 역시
나에게 있기 때문이다.

이렇게 스스로 이끌어가는 힘이 '자기 리더십Self-Leadership'이다.
자기 리더십은 자신의 꿈과 희망을 현실로 만드는 원동력이다.
이런 힘이 없는 사람은 타인에게 어떤 영향도 주지 못한다.
그저 아무런 존재감 없이 살아갈 뿐이다.
진짜 자아가 사라지고 껍데기만 남은 삶은 '좀비'나 다름없다.
나 역시 오랫동안 내 인생을 스스로 이끌지 못했다.
내 인생은 내가 만들어갈 수 있다는 생각을 해본 적조차 없었다.

왜 그랬을까?
심리 분석을 통해 그 이유를 깨달았다.
그것은 바로 '갇힌 삶' 때문이었다.
내게는 그럴 능력이 없다는 생각이 발목을 잡았기 때문이다.

나는 닭장 속에 살면서 스스로를 '날 수 없는 닭'이라고 여겼다.
하지만 나는 닭이 아니라 독수리라는 사실을 자각했고,
그때부터 진짜 내 인생이 시작됐다.
쓰지 않던 날개를 펴려 애썼고, 날아보려 기를 썼다.
주위에서 쓸데없는 짓을 한다며 제정신이 아니라고 빈정거려도
매일 훈련했더니 어느 날 훨훨 날 수 있을 만큼 몸이 가벼워졌다.

스스로 닭이라 믿고 닭장을 나서지 않으면 날개는 퇴화하고
시쳇말로 닭대가리가 된다.
두려워 말고 닭장 문을 부수자.
그리고 비행하는 연습을 시작해보자.
날기 위해 애쓸수록 날개는 커지고, 당신이 닭이 아니라
독수리라는 사실을 깨달을 것이다.

고통은 성장통이다

누구든 고통스러운 상태에 놓이면 그게 어떤 것이든
우리의 관심을 지배하고 오직 그 고통만이 중요해진다.
고통이 극심할 때는 평온했던 시절을 떠올리기조차 어렵다.
고통은 과거와 미래를 지워버리고, 현재를 견딜 수 없는
시간으로 만든다. 게다가 현재의 고통은 내가 지닌
특별한 능력과 관심마저 시들게 한다.

그래서 사람들은 고통을 피하기 위해서라면 무엇이든 하려 한다.
그러나 고통을 회피하면 오히려 더 큰 문제가 생긴다.
심리학자 카를 융은 이에 대해 다음과 같이 말했다.
"모든 신경증은 정당한 고통을 회피한 대가다."
회피한 고통은 원래의 고통보다 더 큰 고통으로 돌아온다.
그럼에도 사람들은 계속해서 회피하려 하고, 신경증은 깊어진다.
문제를 직면하는 데 따르는 정당한 고통을 피할 때 우리는
그 문제를 통해 이룰 수 있었던 성장마저도 놓치게 된다.

상담소 내담자 중에는 이런 문제로 찾아오는 이가 많다.
고통을 피하기 위해 기도 속으로 도망치는 사람,

고통을 잊기 위해 술과 도박 심지어 약물에 의존하는 사람도 있다.
가장 안타까운 경우는 정신 질환으로 도망친,
공부에 지친 학생들이다. 고통을 없애주겠다고 호언장담하는
사이비 종교에 넘어가는 사람도 적지 않다.

고통은 인생의 본질이다.
예수님은 십자가를 지고 당신을 따르라 하셨고,
정신의학자 M. 스캇 펙은 "Life is difficult"라고 말했다.
그러나 고통이 끝나지 않는 것이라면 누구나 삶을 포기할 것이다.
다행히 고통은 밀려왔다 밀려가는 파도 같아서 영원히
지속되지 않는다. 인생은 행복한 순간과 고통스러운 순간이
교차하기에 견딜 수 있는 것이다.
모든 고통은 내 삶이 한 단계 성숙해질 때 온다.
다시 말하면, 모든 고통은 성장통이다.
고통의 이런 의미를 깊이 새겨둔다면 참을 만할 것이다.

말은 쉬워도 정작 당하는 사람의 심정은 죽고 싶을 만큼 절절하다는
것을 잘 안다. 사람의 마음은 참으로 약해서,
나 역시 고통 때문에 죽고 싶었던 적이 한두 번이 아니었다.
그럴 때는 내 손을 잡아줄 누군가가 꼭 필요하다.
신이든 사람이든 고통의 늪에서 허우적거리는 나를 붙잡아줄
누군가가 필요하다. 그래서 종교가 존재하는 것이다.

자기애는
어떻게 생겨나는가

사람은 누구나 자기를 사랑하는 마음을 가지고 산다.
이것을 '자기애'라고 한다.

그렇다면 자기애는 어떻게 생기는 것일까?
자기애적 욕구 Narcissistic Needs 는 어린 시절, 특히 유아기에 형성된다.
어린아이는 성장 초기에 무조건적 사랑을 받아야 한다.
주위의 환대와 평화롭고 따뜻한 목소리를 들을 필요가 있다.
무엇보다도 자기 존재의 의미를 믿어주는 사랑을 경험해야 한다.

부모나 보호자가 사랑으로 자신을 바라보는 경험 없이는
진정으로 자기가 누구인지 알 수 없다.
우리에겐 자신을 비춰줄 수 있는 거울 같은 존재가 필요하다.
그들은 우리가 얼마나 소중한 존재인지,
얼마나 사랑받고 환영받고 있는 존재인지를 알려주는 천사다.
이런 필요가 제대로 충족되지 않으면 자존감은 상처를 입고
자기애가 형성되지 못한다.
그래서 심리적으로 건강하게 살기 위해서는 사랑을 주고받을
필요가 있다고 말하는 것이다.

사랑 없이 살아가는 사람은 아무도 없다.
정원의 나무도 애정 없이 물만 주면 성장 속도가 느리다.
사랑을 주고받는 느낌은 심리적 건강뿐 아니라 생존에도 필수다.
그런 느낌이 없으면 심리적으로 탈진하거나 좌절감에 빠지고,
자신을 무용지물이라 생각해 극단적 선택을 하기도 한다.
그래서 자기애는 개인의 삶뿐만 아니라,
사회 전체의 건강을 위해서도 필수적이다.

나는 종교에 입문한 후, 다른 사람은 사랑하되
자신을 미워하라는 말을 수없이 들었다.
교회 성직자들이 하는 말이니 의심 없이 그대로 받아들이고 따랐다.
그러나 시간이 흐를수록 마음의 평온은 찾아오지 않고,
오히려 우울증과 불안증 같은 신경증적 증상만 생겼다.
마음에 대한 무지함이 병을 부른 것이다.

자기를 사랑하지 못하면 다른 사람을 사랑할 수도 없다.
자기 자신을 미워하고 학대하면서
다른 사람들을 사랑하겠다고 하는 건 섬뜩한 일이다.

기억에 남는
사람과 친절의 힘

인생을 살다 보면 특별히 기억에 남는 사람이 있다.
아주 친절한 사람과 아주 고약한 사람.
그중에서도 사사건건 시비를 걸고 불쾌한 행동을 한 사람은
좋지 않은 기억으로 남아 있다. 그들이 떠오를 때면
불편한 감정이 올라오고, 나도 모르게 고개를 젓게 된다.
'재수 없다'는 생각이 먼저 드는 것이다.
예수님은 원수를 사랑하라고 하셨지만, 그를 위해 기도하고 싶은
마음은 터럭만큼도 들지 않는다.
차라리 기억 속에서 지워버리고 싶을 뿐이다.

반면, 나에게 친절을 베푼 사람은 따뜻한 기억으로 남는다.
나는 거의 전 세계를 원 없이 돌아다녔는데,
여행을 마치고 돌아왔을 때 오래도록 기억에 남는 것은
아름다운 건축물이나 놀라운 보물이 아니다.
그보다는 내게 작은 친절을 베푼 사람, 정중한 매너를 보여준 사람,
그리고 내가 건넨 작은 친절에 진심으로 감사해하던 사람이다.
친절한 행동은 사람을 살리는 힘을 갖고 있다.
나를 살리고 너를 살리는, 작지만 강력한 힘이다.

친절은 긍정적 자존감을 높여준다. 때로는 한 사람의 친절이
민족이나 종교에 대한 편견을 바꾸기도 한다.

많은 영성가는 이렇게 말한다.
"사람들이 나를 필요로 한다는 사실이 내 인생을 의미 있게 만든다.
내 인생을 풍요롭게 만드는 것과 그렇지 않은 것, 내가 누구인지,
무엇을 위한 존재인지에 대한 명료함을 얻게 해준다."

친절은 결국 자기 인생을 더욱 풍요롭게 만든다.
성공한 인생을 살고 싶은가? 그렇다면 모든 이에게 친절하라.
친절은 돈 한 푼 들이지 않고 자신을 알릴 수 있는
가장 지혜로운 수단이다.

있는 그대로 받아들여라

우리가 다른 사람과 불행한 관계를 맺는 이유는 그 존재를 있는
그대로 받아들이지 않고, 내 입맛대로 바꾸려 하기 때문이다.
하지만 그런 시도는 결국 실패한다.
상대방을 사랑하는 게 아니라, 자기가 정해놓은 기준과
목표를 사랑하는 것이니 당연하다.
내 상담실을 찾는 사람은 대부분 인간관계 문제 때문에 오는데,
근본 원인은 상대방을 바꾸려다 실패하는 데서 비롯된다.

많은 부부가 이혼 사유로 '성격 차이'를 꼽는다.
참 웃긴 이야기다. 성격은 원래 다르며 차이가 있는 게 정상이다.
그런데 왜 성격 차이를 문제 삼는 걸까?
속내는 상대방이 자기 성격에 맞춰주지 않는다는 것이다.
이런 이야기를 들을 때마다 '그러려면 차라리 개를 키우지'라는
생각이 든다. 그래서인지 요즘은 결혼하지 않고
반려동물을 키우는 젊은이가 많아졌다.

그렇다면 우리는 왜 타인을 있는 그대로 받아들이지 못하는 걸까?
그것은 스스로가 자기 자신을 받아들이지 못하기 때문이다.

자신에 대해 못마땅한 감정이 밖으로 표출되는 것이다.

우리는 어릴 때부터 이런 메시지를 듣고 자란다.
"너는 반드시 바뀌어야 해. 지금 모습 그대로라면
아무도 너를 받아주지 않을 거야."
이런 거짓말에 속아 본래 가지고 있던 진정한 삶의 욕구를 억누르고,
타인이 정해놓은 가치관에 따라 목적 없이 살아간다.

자신을 받아들이지 못하면 타인을 받아들이는 것도 어렵다.
이런 사람은 자신의 삶은 찾지 못한 채 공허한 정치적 구호나
도덕적 명제만을 좇으며 방황하게 된다.
그 결과, 방향성도 없이 가치의 무풍지대를 표류하며
실존적 위기를 맞는다.

나는 오랫동안 사이비 종교를 관찰하면서 한 가지 의문을 가졌다.
교리는 엉망이고 교주라는 자도 형편없기 짝이 없는데,
왜 그렇게 많은 사람이 빠져들어 허우적거리는 걸까?
그 이유는 간단했다.
한 번도 자신을 있는 그대로 받아들인 경험이 없기 때문이다.
그들의 영혼은 텅 비어 있다.
혼이 나간 상태에서는 쉽게 홀릴 수밖에 없다.
자기 자신을 있는 그대로 받아들여라.
그러면 타인과의 갈등이 줄어들고, 사이비 종교의 유혹에도

넘어가지 않을 것이다.

자신을 있는 그대로 받아들이는 방법은 의외로 간단하다.
자기 자신과 친한 친구처럼 오붓하게 대화를 나누는 것이다.
이는 많은 심리적 문제를 해결해주는 효과적인 처방이다.

문제없는 인생은 없다

살면서 생기는 크고 작은 문제는 우리에게 스트레스를 준다.
그래서 우리는 문제없는 인생을 만들기 위해 고군분투한다.
그러나 대부분의 문제는 인생을 바꾸려는 과정에서
자연스럽게 생겨난다. 또한 모든 문제를 다 제거한다고 해서
반드시 진정한 행복이 찾아오는 것도 아니다.
따라서 문제를 바라보는 시각을 새롭게 가질 필요가 있다.
기쁨과 보람이 인생의 일부이듯, 문제 역시 인생의 일부분이라고
생각하는 것이 좋다.

흔히들 돈 많고 건강하면 문제 없이 행복하게 살 거라고 여긴다.
그러나 사제로 살면서 수많은 사람의 인생을 지켜본 결과,
그런 생각이 얼마나 비현실적인지 깨달았다.
가난한 사람은 돈 때문에 문제가 생기지만, 부자 역시 돈 때문에
겪는 문제가 한두 가지가 아니다.
어떤 부잣집 어르신은 이렇게 한탄하기도 했다.
"가난할 때는 가족끼리 우애가 있었는데,
부유해지면서 남보다 못한 사이가 됐다."

3 내 안의 보물을 발견하는 여정

행복한 얼굴로 대화를 나누는 사람들을 보면 그들이 아무 문제도
없이 사는 것처럼 느껴진다. 하지만 그건 그야말로 착각이다.
아무런 문제 없이 순탄하게 사는 사람은 아무도 없다.
중요한 것은 문제없는 삶이라는 비현실적 목표에 매달리는 게
아니라, 자신에게 닥친 문제를 직시하는 것이다.

내가 일생 동안 겪는 문제는 나를 성장시킨다.
쉬운 문제만 푸는 아이보다 어려운 문제를 푸는 아이가
더 뛰어난 것처럼, 인생의 문제도 사람을 단련하고 성장시킨다.
언덕만 오르내린 사람과 높은 산을 올라본 사람을 비교해보라.
크고 작은 수많은 문제를 해결하는 사람이 성공한다.
반대로 문제를 회피하거나 작은 문제에만 매달리면
우물 안 개구리 같은 인생에서 벗어나기 어렵다.

나의 사제 생활을 한 단계 성장시켜준 것은 언제나 힘겨운
삶의 현장이었다. 책상 앞에 앉아 뜬구름 잡는 말만 하던 나를
현실로 끌어낸 곳은 편안한 성당이 아니라,
크고 작은 문제가 산적했던 힘겹고 고단한 자리였다.
그러나 길고 지루한 시간을 견뎌낸 데 따른 보상은 컸다.
심리적으로 강건해졌을 뿐만 아니라 사회적인 보상도 얻었다.
평탄한 삶은 피다 만 꽃과 같다. 만개하고 싶다면 문제에 도전하라.

마음속 동굴

산에서 만나는 동굴은 신비롭고 무섭기도 하다.
그 안에 무엇이 있는지 알 수 없기에 선뜻 들어서기 어렵다.
그런데 동굴은 인간의 심리와도 깊은 관련이 있다.
동굴은 원시 문명의 흔적이 남은 인간 생존의 초기 보호처였기
때문이다. 그리스도교뿐만 아니라 불교, 힌두교의 수행자들은
동굴 속에서 자기 영성을 수련하기도 한다.
이처럼 동굴 속에서 인식을 형성하는 인간 심리는
자기 마음에도 골방 같은 동굴을 만들게 했다.
그래서 삶에 지치거나 갈등을 회피하고 싶을 때 그 동굴 속으로
들어가 몸을 감춘다.

대화 도중 상대방이 별다른 반응을 보이지 않는 이유는
그가 자기 안의 동굴 속으로 들어가버렸기 때문이다.
그런데 자신만의 공간이자 안식처인 마음속 동굴은 '숨은 얼굴'을
의미하기도 한다. 생명력을 주는 세계인 동시에 심리적 억압을
가중하는 장소이기도 하다.
그래서 동굴은 나도 모르게 콤플렉스가 되어
감정과 행동을 지배하기도 한다.

또한 방 안에 쓰레기가 쌓이듯 마음속 동굴도 그렇게 된다.
그래서 가끔은 자기 마음의 동굴을 열어 그 안에 쌓인 것들을
털어놓을 필요가 있다. 그러지 않으면 아무런 감각조차 없는
정서적으로 마비된 사람이 될 수 있다.

사춘기 시절, 나도 나만의 동굴 속으로 숨어들었다.
세속을 피해 하느님과의 시간만을 갖기 위해서였다.
하지만 시간이 갈수록 하느님과 가까워지기보다 현실감이 떨어지고,
대인 관계는 서툴러졌으며,
심지어 나만 거룩하다는 과대망상에 빠져들었다.
일명 '영적 자폐증'에 걸린 것이다.
그것이 자기 자신을 가둘 때 생겨나는 정신이상 현상이라는 걸
깨닫기까지 오랜 시간이 걸렸다.

동굴은 어디까지나 잠시 머무는 휴식처여야 한다.
빛이 들어오지 않는 동굴 속에 오래 머물면 괴물이 되어버린다.

행복의 법칙에 대한 의문

사람은 누구나 행복하길 원한다.
행복해지기 위해 돈을 벌고, 행복해지기 위해 결혼하며,
행복해지기 위해 최선의 선택을 한다.
그런데 이런 마음에 찬물을 끼얹는 사람이 있다.
그들은 자기만의 행복을 추구하는 것은 이기적이며, 다른 사람의
고통을 외면하는 것은 도리가 아니라고 주장한다.

오래전 동남아 일대에 태풍이 들이닥쳤을 때 마을 사람들이
폐허가 된 삶터를 다시 일으켜 세우기 위해 애쓰는데,
그 옆에서 물놀이하는 관광객들이 있었다.
사람들은 그 기사를 보고 분노했다.
"서양인은 사람도 아니다. 어떻게 저 상황에서 놀 수가 있지?"
하지만 현지의 반응은 달랐다.
"폐허가 된 이곳까지 와서 돈을 쓰는 관광객이 오히려 고맙다.
입으로만 동정하는 사람은 아무 도움도 되지 않는다."
진정한 행복이 어떤 것인지 알려주는 사례였다.

자기가 행복해지려고 봉사해선 안 된다고 주장하는 사람이 있다.

그러나 실제로 봉사 활동을 하는 사람은 대부분 자기 행복을
추구하는 경우가 많다.
폐병 환자 요양소에서 무료 진료하는 의사한테 물어본 적이 있다.
"시간 내기 어려우실 텐데, 정말 희생정신이 강하시네요."
그랬더니 이런 대답이 돌아왔다.
"무슨 말씀이세요. 저는 환자들이 반겨줄 때 큰 행복을 느낍니다."
많은 봉사자가 이구동성으로 말한다.
"우리는 봉사하러 오는 게 아니라, 행복해서 오는 겁니다."

행복한 사람은 역경에 쉽게 무너진다고 주장하는 이들이 있다.
물론 행복한 사람도 실패와 좌절을 겪으면 의기소침해진다.
하지만 남들보다 훨씬 빠르게 회복한다.
행복한 사람일수록 회복 탄력성이 크기 때문이다.
또 어떤 이는 불행한 사람이 더 창조적이라고 말한다.
예술가는 영혼이 고통의 바닥에서 허우적거려야 한다는 주장이다.
하지만 조사 결과를 보면, 오히려 행복한 사람이 더 창조적이다.
행복감이 마음을 건강하게 만들어주기 때문에
불행한 사람보다 삶의 결실이 더 큰 것이다.

진정한 행복은 자신의 삶에 대한 만족에서 온다.
즉, 자신을 어떻게 느끼느냐가 행복의 핵심이다.
그래서 많은 걸 가졌음에도 불행한 사람이 있는가 하면,
겉보기에 가난해도 행복한 사람도 있는 것이다.

흔히 엉뚱한 행동을 하는 사람을 '바보'라고 부른다.
그런데 진짜 바보는 스스로를 불행하게 만드는 사람이다.
나도 오랫동안 세상을 원망하며 바보처럼 살았다.
세상사를 비판적이다 못해 비관적으로 바라보았고,
속없이 웃으며 사는 사람을 바보라 무시했다.
그런데 돌아보니 진짜 바보는 바로 나였다.

이제 나는 행복한 바보,
작은 것에도 즐거워하는 바보가 되는 삶을
살기 위해 노력하고 있다.

삶의 위기는
전환점이 될 수 있다

생각지도 못한 상처를 경험한 뒤 분노와 실망, 비애감이 몰려오는
것은 극히 정상적 반응이다.
그런데 시간이 흐르면서 예상치 못한 변화가 일어나기도 한다.
고통은 여전한데, 인생에 긍정적 변화가 찾아온다.
그래서 이런 말이 있는지도 모른다.
"최악의 상황에는 최상의 날도 함께 있다."

고통은 우리를 무너뜨리고 파괴할 수 있지만, 그 덕분에 오히려
평탄한 삶만으로는 도달할 수 없는 성숙의 경지에 이를 수 있다.
힘든 일을 겪는 초반과 그 직후는 온통 고통뿐이지만,
그게 마지막은 아니다.
새로운 삶이 시작되기 때문이다.

그런데 어떤 사람은 고통을 겪고도 성숙하지 못한다.
왜 그럴까?
자기 문제를 들여다보려 하지 않고 원망만 하기에 그런 것이다.
피해의식을 갖고 남 탓만 하며 살아가면 덫에 걸린 짐승처럼
갇힌 삶을 살게 되고, 성장은커녕 상종 못 할 진상이 되어간다.

청년 백수 시절, 늘 부모 탓 세상 탓을 하며 살았다.
내가 틀렸다는 생각은 하지 않고, 항상 불평하며 징징거렸다.
그런데 시간이 지나자 사람들이 나를 피하기 시작했다.
듣는 것도 지겹고, 받아주는 것도 피곤했던 것이다.
당시 나는 자기애적 우울증에 시달리고 있었다.

자기애적 우울증이란, 일반적인 우울증처럼
자기를 미워해서 생긴 것이 아니라,
세상이 내 뜻대로 되지 않는 데서 오는 짜증이었다.
그 내면에는 유아기적 전능감이 숨어 있다.
이런 전능감 속에서 사는 사람은 늘 이렇게 한탄한다.
"세상이 왜 이래? 왜 나만 이렇게 살아야 해?"
겉으론 의문을 던지는 정의로운 사람처럼 보일지 몰라도
속에는 무능감이 가득하다.

이런 상태를 벗어나는 방법은 단 하나, 원망이라는 수단으로
도피하는 것이 아니라 문제를 직시하는 것이다.
사제 생활을 하면서 비슷한 상황을 마주했다.
합법을 가장한 불법 철거를 폭력적으로 자행하는 재개발 현장.
언제 무슨 일이 벌어질지 몰라 불안과 우울에 시달렸다.
잠을 설치고, 피부병이 생기고, 생활은 만신창이가 되어갔다.
하지만 누구도 내 문제를 대신 해결해주지 않았다.
원망과 한탄 속에서 시간을 흘려보냈다.

그러다 문득 아무도 나를 대신할 수 없다는 사실을 깨달았다.
내 성城, 내 성당은 내가 지키겠다는 의지가 솟구쳤다.
그리고 나만의 전쟁을 준비했다.
5년 반에 걸친 길고 지루한 전쟁이 끝난 후,
오랫동안 달라붙어 있던 콤플렉스가 하나둘 떨어져 나가고,
내면의 힘이 자라나기 시작했다.
역경은 마음의 근육을 키워주었다.
그래서 지금도 나는 그때의 전쟁을 내가 승리한 전쟁
'가좌대첩'이라고 부른다.

우울함은 때로
약이 되기도 한다

살다 보면 가끔씩 우울해지곤 하는데, 그때마다 화들짝 놀라는
사람이 있다. 혹시 자신이 우울증 환자가 아닐까 싶어서다.

우울감과 우울증은 다르다.
상담소를 찾는 우울증 환자에게는 몇 가지 공통점이 있다.
대부분의 시간을 집에 틀어박혀 지내며 잘 움직이지 않는다.
하루 종일 불길한 생각만 하며, 머릿속에서 영화 몇 편을 만들어낸다.
마지막 장면은 늘 비극으로 끝나는 영화.

사람을 대할 때는 눈을 잘 마주치지 않는다.
마치 유령처럼 소리 없이 다닌다.
비를 맞은 사람처럼 축 늘어져 있다.
"무엇을 하고 싶으세요?"
"어디로 가고 싶으세요?"
이런 질문에도 멍하니 허공만 바라본다.
무엇보다 가장 나쁜 점은 자기 자신을 학대한다는 것이다.

반면, 그냥 우울한 사람은 집에 틀어박혀 있지 않는다.

맵시 있게 옷을 차려입고 카페에서 차를 마시거나, 산책을 하거나, 혼자 여행을 떠난다.
그래서 사람들로부터 우아하다는 애길 듣기도 한다.
말하자면, 입으로만 우울한 것이다.
이처럼 우울증과 우울감은 전혀 다르다.

그런데 많은 사람이 우울한 것을 곧 불행이라 여기며,
마음에서 우울감을 쫓아내려 애쓴다.
하지만 개똥도 약에 쓰인다고, 우울감도 때론 쓸모가 있다.
우울감은 삶에서 부딪히는 문제에 마음을 집중시켜 막힌 부분을
풀어내려는 무의식적인 시도다.
지금까지 삶의 방식에 무언가 문제가 있음을 알려주는 심리적
신호이자, 새로운 변화를 모색하는 과정인 것이다.

우울한 동안에는 힘들지만, 내면에서는 많은 일이 일어난다.
그 내면의 여행이 끝나면 우리는 체념의 미덕을 배우고,
인생의 새로운 의미를 발견하며 다시 일어설 수 있다.
그래서 정신분석가 니콜라이 하르트만은 이렇게 말했다.
"건강한 사람은 우울해질 수 있는 능력을 가져야 한다."
가끔 지나치게 긍정적인 사람이 심각한 정신적 문제를 안고 있거나,
극단적 선택을 하는 것을 보곤 한다.
너무 밝고 긍정적인 사람일수록 오히려 조심해야 한다.

내가 누구인지
질문하라

청년 시절, "나는 누구인가?"를 읊조리면 개똥철학을 한다며
핀잔을 듣기 일쑤였다. 그러나 "나는 누구인가?"라는 질문은
삶의 질을 변화시키는 데 아주 중요하다.
이는 철학적·존재론적 관점의 질문이 아니라,
심리적 관점의 질문이다.
심리학에서는 '나'를 이상적 자기와 현실적 자기로 나눈다.
그중에서도 지금의 현실적 자기가 중요하다.

사람들의 심리적 문제는 지금의 나를 싫어하거나,
미워하거나 혐오할 때 발생한다.
내가 바라보는 '나'는 과거의 산물이기 때문에 그 안에
후회와 분노가 담겨 있을 수 있다.
그런데 지금의 나를 싫어하면 나는 삶 자체에서 점점 멀어진다.
상실감과 우울, 혹은 냉소적인 방어로 마음의 문을
닫아버리는 것이다.
마음의 문이 닫히면 육체는 오그라들고,
삶의 동력은 서서히 고갈된다.
그래서 자신을 미워하지 말고, 있는 그대로 받아들이라는 것이다.

3 내 안의 보물을 발견하는 여정

우울증을 앓는 동안 나는 늘 나 자신을 질책했다.
밝은 면은 보지 못하고 어두운 면에만 집착하며 스스로를
심리적 감옥에 가두었다. 현실의 나를 혐오하면 할수록
빛은 보이지 않고, 어두운 곳으로 더 깊이 빠져들었다.
'차라리 무無로 돌아가고 싶다. 아예 태어난 흔적조차
없었으면 좋겠다'는 생각까지 들었다.
자살 충동이 시작된 것이다.

신앙생활을 하면서 이런 성향은 더욱 악화되었다.
아무리 노력해도 늘 똑같은 죄를 짓고 사는 나.
아무리 기도해도 마음속 불편한 감정이 사라지지 않았다.
그런 나를 혐오하고 증오했다.
교회에서 자신을 미워하라고 가르친 결과였다.
오랜 시간이 지나서야 1970년대에 교황청에서
"자기 자신을 미워하지 말라. 자신을 나쁜 존재로 만들지 말라"고
권고했다는 사실을 알았다.
좁은 편견 속에서 살며 생긴 폭력적 무지가 생사람을 잡을 뻔했다.

가끔은 죽음을 생각하라

심리학자 카를 융은 사후의 존재를 믿는 것은 정신 건강과
마음의 안정을 위해 중요하다고 말했다.
영원한 생명을 믿는 게 지금의 삶에 의미를 부여한다는 것이다.
죽음을 준비하는 마음은 자기 삶을 정돈하게 만든다.
삶을 죽음의 시점에서 조망할 때 인생에서 진정으로 가치 있는
것이 무엇인지 알 수 있다.

무엇보다 시간의 소중함을 깨닫게 된다.
죽음을 생각하지 않으면 시간 낭비를 하기 쉽지만, 내게 남은 시간이
많지 않다는 것을 인식하면 헛된 일에 시간을 쓰지 않게 된다.
또한 나와 함께하는 사람들의 소중함을 느끼고, 자연스레 가까운
이웃한테 더 잘해주게 된다.

오래전 가톨릭 수도원에서는 수도자들이 책상 위에 사람의 해골을
올려두고 묵상하는 시간을 가졌다고 한다.
짧은 인생을 살아가는 동안 무엇이 진정 가치 있는 것인지,
남은 시간을 어디에 써야 할지 성찰하기 위한 묵상 방법이었다.

심리 치료 중에는 이런 질문을 하기도 한다.
"앞으로 내게 주어진 시간이 6개월밖에 남지 않았다면
가장 먼저 무엇을 하겠는가?"
이 질문을 곱씹다 보면 쓸데없는 일에 정신을 빼앗기며
시간을 흘려보낸 순간들이 보이기 시작한다.
그렇다고 매일 죽음을 묵상하라는 얘기는 아니다.
그럴 경우 염세주의자가 되거나 우울증에 빠질 수 있다.
모든 게 허무하다는 생각에 매몰돼 삶의 의욕을 잃기 때문이다.
죽음에 대한 묵상은 1년에 한 번 정도 해보는 것으로 충분하다.

나는 많은 사람의 임종을 지켜보고 장례 미사를 집전해왔다.
그 과정을 통해 깨달은 것이 있다.
죽음은 순서대로 오는 것이 아니며, 준비된 사람만이 맞이할 수
있는 것도 아니다. 어처구니없는 사고나 예상치 못한 일로
세상을 떠난 사람이 부지기수다. 평생 아등바등하다가 갑작스러운
사고로 죽음을 눈앞에 둔 사람은 대부분 삶이 백팔십도 달라진다.
죽음의 체험이 그들의 가치관을 바로잡아준 것이다.

불치병에 걸린 사람들을 시한부 인생이라고 부른다.
이는 자기 자신은 시간이 많다는 것을 전제로 한 말인데
실로 엄청난 착각이다. 우리는 모두 시한부 인생이다.

도덕 지수와 성공

"성공만 하면 돼. 누가 10억 원을 준다면 감옥에라도 갈 거야."
요즘은 이렇게 말하는 젊은이가 종종 있다.
정말 돈을 벌고 성공하면 끝일까?

인격과 도덕적 기반이 없다면, 성공에 이른다 해도
다시 무너질 가능성이 크다.
삶 전체를 위협하는 자기 파괴적 부메랑이 될 수 있기 때문이다.
성공했다고 자기도취에 빠져 안하무인 격으로 살다가
인생 밑바닥으로 굴러떨어지는 사례는 너무도 많다.

왜 그럴까? 그건 바로 돈이 가진 속성 때문이다.
돈을 하느님처럼 섬기면 결국 돈의 노예가 된다.
돈의 노예가 된 사람은 모든 것을 가격으로 판단한다.
"멋있다" "아름답다"가 아니라, "저건 얼마짜리야"라고 말한다.
심지어 사람조차 상품처럼 평가한다.
연봉이 많으면 높게 평가하고, 벌이가 시원치 않으면 무시한다.
문제는 그런 기준으로 자신도 평가받고 무시당할 수 있다는 것이다.

성공에는 도덕 지수가 반드시 따라야 한다.
도덕 지수란 옳고 그름을 판단하고, 자신의 윤리적 신념에 따라
자신은 물론 타인 앞에서도 부끄럽지 않은 행동을 하는 능력이다.
공감하고 배려하는 마음, 감정을 조절하고 욕구 충족을 미룰 줄
아는 태도, 나와 다른 생각을 수용하고 이해하는 자세, 존중심을
가지고 사람을 대하는 태도, 이런 것들이 도덕 지수를 만든다.

그동안 내가 만나본 '진상' 부자 중에 말년이 좋았던 사람은
한 명도 없다. 어느 부자 영감님이 생각난다.
어린 시절 머슴살이로 시작해서 꽤 많은 돈을 번 분이다.
그런데 성격이 괴팍하고 잘난 척을 하도 하다 보니 사람들이 하나둘
떨어져 나갔다. 결국 암에 걸려 돌아가셨는데, 문상을 온 사람이
하나도 없었다. 지금도 어디선가 홀로 헤매고 있을
그 영혼을 생각하면 안쓰럽기 그지없다.

사람에 대한 평가는 죽은 후에 생긴다고 한다.
가장 좋은 등급: "죽었대? 참 괜찮은 사람이었는데, 안타깝군."
두 번째 등급: "죽었대? 애고, 안됐다."
세 번째 등급: "죽었대? 이제야?"
네 번째 등급: "죽었대? 잘됐네."
나는 과연 몇 번째 등급일지 가끔 생각해본다.

혼잣말의 중요성

흔히 시련에 굴하지 않는 사람을 보면 엄청난 의지나 용기를 가진 특별한 사람일 거라고 생각한다.
하지만 의지와 용기는 누구나 가질 수 있는 것이다.
그 열쇠는 바로 긍정적 정서에 있다.

긍정적 정서는 기분과 밀접한 관련이 있다.
기분이 좋으면 긍정적 정서가 올라오고, 어떤 일이든 잘 해낼 수 있을 것 같은 자신감이 생긴다.
그래서 인생에서 긍정적 정서를 많이 경험한 사람일수록 심리적으로 더 성장하고, 낙관적이며, 회복력도 강해진다.

회복력은 역경을 극복하는 원동력이다.
내면을 단련시키는 도구이며, 어려움에 처했을 때 좌절하지 않고 다시 일어나는 힘이다. 긍정적 정서를 자주 경험하면
역경에 대처하는 능력이 훨씬 높아진다.
혼잣말은 긍정적 정서를 키우는 데 큰 도움이 된다.
혼잣말에는 부정적인 것과 긍정적인 것 두 가지가 있다.
"그게 되겠어? 나 같은 게 뭘 할 수 있겠어?"

이런 부정적인 혼잣말은 긍정적 정서를 키우는 데 무익하다.

젊은 시절, 나는 모든 것에 냉소적인 태도를 견지했다.
나도 모르게 부정적인 혼잣말을 입에 달고 살았다.
이른바 개똥철학, 염세주의에 빠져 잘난 척을 했다.
"나 같은 걸 누가 쳐다나 보겠어."
이런 말들이 습관이 되자 태도는 점점 거칠어졌고,
친구들도 하나둘 나를 피하기 시작했다.
내가 피곤하고 지겨웠던 것이다.
그런데도 나는 여전히 냉소적인 태도를 고집했다.
그런 태도가 산산조각 난 건 군 생활을 통해서였다.
매일같이 반복되는 고된 훈련이 그 버릇을 싹 뜯어고쳤다.

우연히 높이뛰기 우상혁 선수의 경기 영상을 보았는데,
'바로 저거야!'라는 생각이 들었다.
그는 사람들의 박수갈채를 이끌어내고,
스스로에게 긍정적인 혼잣말을 하며 경기에 임했다.
자신이 밑바닥 인생이라고 느끼는 사람이 본받을 만한 모델이다.
어떤 혼잣말을 하며 사느냐가 인생의 성패를 좌우한다.
억지로라도 긍정적인 혼잣말을 습관처럼 하길 바란다.

어린 시절의 상처

상담을 하다 보면, 자연스럽게 어린 시절의 이야기가 나온다.
'내가 이런 얘기를 왜 하지?' 싶으면서도
상처받은 기억들을 토해낸다.

우리는 누구나 좋지 않은 기억을 갖고 있다.
그런데 시간이 지나면 그것들이 잊히고 사라질 거라 생각한다.
하지만 그 기억은 상처인 채로 그냥 남아 있다.

우리 안에 있는 상처를 치유하지 않는다면 그 상처는
결국 인생을 괴롭히는 모든 문제의 근원이 된다.
그리고 불행하게도 가장 가까운 사람에게 상처를 주며 살게 된다.
따라서 누구든지 진정한 변화를 원한다면 반드시
자신의 어린 시절로 돌아가, 그곳에서부터 다시 시작해야 한다.
물론 우리가 실제로 어린아이가 되는 것은 불가능하다.
치료의 대상은 내 마음속 아이, 그리고 그 아이가 가지고 있는
아픈 기억이다.

심리학에서는 그를 '내면의 아이(내재아)'라고 부른다.

3   내 안의 보물을 발견하는 여정

우리 안에는 아직도 어린 시절의 내면의 아이가 있다.
앞에서도 설명했듯 그 아이를 만나려면 어린 시절의 자기 이름을
부르면 된다. 그 이름을 천천히 부드럽게 부르면
가슴이 뭉클하거나 눈물이 날 수도 있다.
그것은 내면의 아이가 내 목소리에 반응하고 있다는 증거다.

그렇게 매일 자기 이름을 불러주면 내면의 아이는 자신이 품고
있던 아픈 기억을 조금씩 꺼내서 보여주기 시작한다.
그 이야기를 들어주고 함께해주면 상처는 서서히 아물기 시작하고,
마음은 점점 자유로워진다.

처음 상담받을 때, 내 안의 아이를 보라는 상담가의 말을 들으면서
나는 '돌았나? 내 나이가 몇인데?' 하고 생각했다.
그러다가 만난 내 안의 아이, 그 아이와 대화하고 이해하기 위해
수많은 심리학 책을 보면서 공부했다.
그러자 그 아이는 나에게 엄청나게 큰 선물을 안겨주었다.
날개를 달아주고 하늘을 날게 해주었다.

하루 30분, 조용한 시간에 자기 이름을 부르며
내면의 아이를 만나는 시간을 가져보라.
분명 작은 기적이 일어날 것이다.

10년은 해봐야지

성공한 사람에게 비결을 물어보면, 한결같이 '연습'이라고 말한다.
참나무 판에 한 자 한 자 조각하듯이 연습해야 자신이 원하는 분야의
전문가로 성공할 수 있다고 한다.
당연히 투입한 시간과 정성에 비례해 실력은 늘어난다.
'10년의 법칙'은 바로 이럴 때 쓰는 용어다.
"10년 공부 나무아미타불"은 그 10년을 채우지 못하고
중도에 포기하는 걸 말한다.
그래서 10년 도를 닦고 하산하면 점쟁이가 되고, 그것을 넘어서면
고승이 된다는 말도 있다.

내가 강의를 다니고 방송에 출연하자 주위 사람들이 부러워했다.
혹자는 내가 마치 로또에 당첨된 양 말하기도 했다.
나는 속으로 이렇게 생각했다.
'웃기지 마시오. 세상에 공짜로 얻는 건 아무것도 없소.'

나는 상담가로서 공부하고 또 공부했다.
마치 산을 넘고 또 넘듯 그렇게 나름 열심히 달려왔다.
그렇게 10년 세월이 흐르자 사람의 진면목이 보이기 시작했다.

3   내 안의 보물을 발견하는 여정

내담자의 말과 행동을 듣고 보노라면 그의 어린 시절 냄새가 나고,
그가 앞으로 어떻게 살아갈지 어렴풋이 예측이 되었다.
사람의 인생은 강물처럼 흐른다.
그래서 과거 이야기를 들으면 앞날도 어느 정도
예측할 수 있기 때문에 생긴 촉이다.

어떤 이는 "어떻게 사람 속을 알 수 있느냐"고 빈정거린다.
하지만 과일 장수는 사과를 쪼개지 않고도 그 속이 어떤지 안다.
나도 10년 동안 사람을 들여다봤더니 이제 그 속을 알겠다.

그리고 다시 10년이 훌쩍 지났다.
지금은 사람의 언행을 보면 그 안의 아이가 보인다.
말하고 싶어 하는 아이, 외면당한 채 숨어 있는 아이.
누군가는 이걸 '신기神氣'라고 말하는데, 절대 아니다.
무속인은 죽은 혼과 대화하지만,
나는 살아 있는 사람 안의 아이와 대화한다.
아직도 나의 공부는 아직 끝나지 않았다. 그래서 가끔은 궁금하다.
45세부터 본격적으로 시작한 이 공부가 30년, 40년째에 접어들면
그때는 어떤 것이 보일까?

멈추지 말고
일단 해봐

사회심리학자들은 이구동성으로 말한다.
"사람들이 집단을 형성하면 평균 수준에 만족하며,
더 이상 성장하려 하지 않는다."
밀착된 집단 안에서는 누군가 무언가를 하려고 하면
불편해하고 불쾌해하기 때문이다.
그래서 이런 딴지 섞인 말을 하며 하향 평준화로 몰아간다.
"쓸데없는 짓 하지 마. 전통을 지켜야지."

이런 현상은 종교계를 비롯해 거의 모든 분야에서 나타나는
병적 모습이다.
사람에게는 누구나 성장 가능성이 잠재해 있는데,
그에 수반된 집단적 비난을 피하려다 보면
자신을 한 단계 높여줄 가능성 자체를 거부하고,
결국 적당한 수준에서 안주하게 된다.
그런데 생물학의 상식 수준에서 보자면 발달을 거부한 생물은
기형화라는 운명을 피할 수 없고,
진화를 멈춘 생명체는 도태된다. 폐기 처리된다는 것이다.

그렇다면 왜 사람은 성장을 멈추는가?

첫 번째 이유는 쓸데없는 일에 신경 쓰느라 에너지를 소모해서
몸도 마음도 피곤해 성장을 위한 '복잡 사고'를 할 여력이
없기 때문이다. 복잡 사고란 끊임없이 의문을 갖는 것이다.
의문은 의심과 다르다.
의문은 관심의 일종이며, 그만큼 에너지를 소모한다.
하지만 명확한 인생 목표가 없는 사람,
쓸데없는 데 에너지를 낭비하는 사람은,
결국 생각을 멈추고 성장을 포기하게 된다.

두 번째 이유는 생각하는 것을 싫어하기 때문이다.
머리 쓰는 걸 귀찮아하는 사람은 성장을 멈춘다.
단순한 현상 유지가 아니라 퇴행한다.
강물을 거슬러 오르던 배가 멈추면 하류로 밀려가듯이
성장을 멈추는 순간 우리는 하류 인생으로 밀려난다.
'사는 게 뭘까' 물음을 던지지 않고 '사는 게 다 그런 거지' 하면
도사가 되는 것이 아니라 쓰레기더미에 매몰된 하류 인생이 된다.

말의 위력

입에서 나오는 말은 눈에 보이지도, 손으로 만질 수도 없다.
그래서 많은 사람이 경각심을 갖지 않고 함부로 내뱉는다.
그러나 말은 실로 위험한 것이다.
상담가들은 말을 '보이지 않는 칼'이라고 정의한다.

말 한마디로 천 냥 빚을 갚을 수도 있지만, 세 치 혀가
화를 불러오기도 한다.
말 가운데 가장 좋은 것은 칭찬이다.
"칭찬은 고래도 춤추게 한다"는 말처럼 칭찬 한마디가
사람의 인생을 바꾸기도 한다.

인생에서 성공한 사람을 들여다보면 대개 부모나 어른들로부터
충분히 칭찬받고 자랐음을 알 수 있다.
반면, 사회에서 문제아로 낙인찍힌 사람들의 공통점은 대부분
칭찬이 결핍되어 있다. 칭찬을 못 받으니 부정적 관심이라도
구걸하고 싶어 사고를 치는 것이다.
어린 시절 부모나 어른이 던진 차가운 말 한마디가 비수처럼 꽂혀
평생 가슴앓이하며 살아가는 이를 상담 현장에서 수없이 만난다.

말은 사람을 살리기도, 죽이기도 하는 매우 강력한 수단이다.

"가는 말이 고와야 오는 말이 곱다."
이 격언은 예나 지금이나 여전히 진리다.
가는 말이 상대에게 상처를 줬는데, 오는 말이 고울 리 없다.
모든 관계의 갈등은 세 치 혀를 잘못 놀린 데서 시작된다.
그런데 우리가 별로 개의치 않고 쉽게 내뱉는 말이 있다.
바로 '충고'라는 이름으로 포장된 말이다.

상담가들은 조언이나 충고는 하지 않는 게 좋다고 단언한다.
아무리 좋은 말이라도 상대의 기분을 상하게 할 수 있기 때문이다.
그리고 충고하는 사람은 상대를 위해서라기보다
자신을 과시하려는 무의식적 욕구에 충실한 경우가 많다.
그래서 아무리 충고하고 싶어도 입을 다무는 것이 낫다.
말은 눈에 보이지 않지만 위력은 막강하다.
날카로운 비수를 다루듯 조심해야 한다.

입에는 여러 가지 이름이 있다.
'금구金口' 혹은 '주둥이' '아가리' 등등.
어떤 이름으로 불리는지는 그 입에서 어떤 말이
나오는지에 따라 결정된다.

때로는 자기 앞날을 생각해보라

우리는 자기 앞날을 알 수 있을까?
궁금해하는 분들을 대상으로 간단한 실험을 해보았다.

"눈을 감고 칠순 잔치를 상상해보세요.
옆에 누가 있는지, 상에는 어떤 음식이 차려져 있는지 보세요.
이번에는 팔순 잔치를 상상해보세요. 주위가 어떤 모습인가요?
다음에는 구순 잔치를 상상해보세요."
이런 식으로 과제를 주면 놀랍게도 많은 분이 상상 속에서
자신의 모습을 뚜렷이 본다. 어떻게 이런 일이 가능할까?

우리의 무의식은 질문을 던지면 지금의 상태를 근거로
앞날의 나를 상상 속에 구현해 보여준다.
물론 그 모습이 100% 정확하다고 할 수는 없지만,
우리 마음에 어느 정도의 예지력이 있다는 것은 사실이다.
만약 앞날이 보이지 않는다면 지금 나의 심리적 건강 상태가
좋지 않다는 뜻이니 몸 건강을 관리하듯 마음도 관리를 해야 한다.

또 다른 질문을 던진다.

"만약 자녀가 자매님과 똑같은 인생길을 간다면 기분이
어떨 것 같나요?"
대답은 사람마다 다르다.
"좋을 것 같아요"라고 말하는 분이 있는가 하면,
"나보다 낫게 살았으면 해요"라고 말하는 분도 있다.
심지어 "절대로 나처럼 살면 안 돼요" 하고 펄쩍 뛰는 분도 있다.
자기 자신을 싫어하거나, 심지어 미워하기 때문에 나오는 반응이다.
내가 지금 행복하다면 과거는 추억이 되고, 미래는 희망이 되고,
지금 이 순간은 살맛 나는 시간이 된다.

폴란드 아우슈비츠 수용소에서 살아남은 심리학자 빅터 프랭클은
"인간에게는 자신이 던져진 환경에 어떻게 대응할 것인지
선택할 자유가 있다"고 말했다.
같은 상황에서도 사람마다 스트레스를 받는 정도가 다른데,
이것은 내적인 힘의 정도가 다르기 때문이다.

나에게도 앞날을 생각하기 싫을 때가 있었다.
미래가 어둡고 춥게만 느껴지던 시절, 행복이 무엇인지 모르겠고
하루하루를 사는 게 그저 지겹고 무의미했다.
차라리 연기처럼 사라졌으면 좋겠다는 생각을 수도 없이 했다.
그러다 마음을 들여다보는 훈련을 하면서 내 안에 묻혀 있던
보화들을 발견했고, 생각이 조금씩 바뀌어갔다.
검은 안갯속에 묻혀 있던 미래의 문이 열리기 시작한 것이다.

눈을 감고 10년 후, 20년 후의 자신을 상상해보라.
그 모습이 밝아 보이지 않는다면, 지금의 나를 행복하게 해주기 위해 무엇을 할 수 있을지 목록을 작성해보라.
앞날이 한층 환하게 느껴질 것이다.

가끔은 나에게 묻는다.
"언제까지 지금처럼 살 수 있을까?"
딱 떠오르는 숫자가 있다. 93.
"아, 93세!" 혼자 중얼거리며 웃는다.
그 숫자가 왠지 마음에 든다.

즐기고 싶은
욕구 충족

심리학자 프로이트에 따르면 심리적 건강을 위해 중요한 요소는
즐기는 것, 사랑하는 것, 그리고 일하는 것이라고 한다.
그중에서도 현대인의 심리적 건강을 위해 가장 중요한 것은
'즐기는 능력'이다.

하지만 사람들은 이 필요를 무시하는 경향이 있다.
어린아이는 노는 것, 즐기는 것, 쉬는 것이 중요하다는 걸
본능적으로 안다. 어른에겐 한가해 보일 수 있지만,
아이에게는 그보다 더 중요한 일이 없다.
그래서 심지어 엄마가 밥 먹으라고 불러도 노는 데
정신이 팔리곤 한다. 그러나 어른이 되면 놀거나 쉬는 것은
어린아이나 하는 일이 되어버린다.
놀고 즐기고 쉬는 것에 우선순위를 두면 "나태하다"
"자기 일도 제대로 못 한다"라는 평가를 받는다.

놀고 즐기고 쉬는 게 뭔지 경험조차 없는 사람도 있다.
그들은 자신에게 무엇이 중요한지도 모른 채 산다.
사는 데 지쳐서 즐기는 법을 잊은 것이다.

"문제가 해결되면 쉬겠다"는 막연한 바람만 품고 살아간다.
하지만 그걸 실현하기도 전에 병이 나거나
세상을 등지기 일쑤다.

"놀지 말고 기도하며 일해."
이 강박관념에 쫓기며 살던 시절, 세상은 잿빛이고 하루하루는
황량한 사막을 걷는 것 같았다.
자신을 쉬지 않고 몰아붙이며 살았던 시간.
그렇게 해서 남은 것이라곤 우울증과 피폐한 몸뚱이뿐이었다.

'노는 것'의 중요성을 알게 된 이후, 나는 1년 스케줄을 짤 때
일단 노는 일정부터 정한다.
놀고 쉬는 게 절반, 일하는 게 절반인데도 결과물은 더 많아지고,
내 안을 조이던 긴장감도 사라진다. 게다가 노는 일정을 짜는 것
자체가 또 하나의 놀이가 되기도 한다.

주위 사람들은 말한다.
"만날 놀러 다니면서 언제 그렇게 책을 써요?"
놀면서 일하는 줄은 모르고, 그냥 하루 종일 노는 줄만 아는
사람들이 놀리듯 던지는 얘기다.
어쨌거나, 놀아야 산다! 그게 지금 내 인생의 모토다.

마음을 지키는
작고 단단한 습관

복잡하고 불확실한 세상에서 마음을 지키는 것은 전쟁과 같다.
늘 불안하고, 외로움에 시달리며,
감정은 언제 터질지 모르는 시한폭탄처럼 위태롭다.
그러나 '즐거운 공상' '실컷 우는 시간' '자기만의 공간'을 만드는 등
사소해 보이는 작은 습관들이 마음을 단단하게 지탱해준다.
이 글은 폭풍우가 몰아치는 인생에서도 나를 지키고,
삶을 회복하는 일상의 습관에 대해 이야기한다.
이 작은 기술들이 모여 마음을 지키는 단단한 방패가 될 것이다.

4

전쟁터 같은
상황에서 버티는 법

십수 년 전, '모래내'라고도 불리던 가좌동의 성당에 부임했다.
언덕 위에 우뚝 선, 꽤 오래된 성당이었다.
독거노인 등 서민이 많이 살던 동네.
1,000원짜리 한 장만 있어도 살 게 많았다는 모래내시장.
예전에 청나라에 끌려갔다 돌아온 환향녀들을 받아주지 않자,
임금이 거기에 살 곳을 마련해주었다고 한다.

이곳에도 재개발의 광풍이 몰아쳤다.
돈에 미친 자들이 카르텔을 이루고, 뭐든지 집어삼키려 했다.
나는 재개발의 재 자도 모른 채 그들을 상대해야 했다.
모든 게 짜고 치는 화투판이었다.
군사작전처럼 힘없는 서민들을 불도저로 밀어냈다.
과거 상계동 재개발 사건을 강 건너 불 보듯 했던 내가
이런 아수라장 한복판에 말려들 줄은 꿈에도 몰랐다.

깡패들이 동네를 돌아다니며 주민을 협박하고 성당에도 들이닥쳤다.
"성당 부지 줄 테니 나가라!"
새가슴인 나는 매번 가슴이 쿵쾅거렸다.

시간이 흐를수록 동네 분위기는 점점 살벌해졌고,
철거업자들은 빈집을 망가뜨리며 쓰레기를 거리에 내던졌다.
동네를 일부러 황폐하게 만들어 주민이 스스로 나가도록
겁을 주는 수법이었다.

한 집 두 집 떠난 자리에 거리는 황량하기만 하고,
그 한복판에 덩그러니 남은 성당은 더없이 초라해 보였다.
방화 사건이 연이어 발생했고, 새벽마다 울리는 사이렌 소리에
성당까지 불에 탈까 봐 잠을 설치곤 했다.
공포와 우울, 불안, 분노가 한꺼번에 덮쳤다.

'이게 현실인가, 악몽인가?'
쓰레기 더미와 부서진 집들 사이를 지나 성당으로 향하며,
이 모든 게 꿈이었으면 싶었다.
도와줄 사람은 없었다. 결국 이 문제를 해결할 사람은
나밖에 없다는 사실에 독이 오르기 시작했다.
'쪽팔리지 말자. 내 성당을 저 쓰레기들한테 뺏기지 말자!'
혼자서라도 끝까지 싸우겠다는 전의가 치솟았다.
내 안에 그런 용기가 있는 줄 미처 몰랐다.
동서고금 위인들의 전략서를 읽고 전술을 익혔다.
영적 위안이 아니라, 전투를 위한 무장을 했다.
그렇게 5년 반 동안 이어진 긴 싸움 끝에 결국 승리를 거두었다.
그래서 나는 그 시절을 '나 혼자만의 전쟁'이라고 부른다.

그때 나를 단단하게 만들어준 몇 가지 방법이 있다.
전쟁터 같은 상황에서도 버티는 방법.
그때의 나와 비슷한 곤경에 처한 분들에게 작은 도움이라도
드리고 싶어 소개하고자 한다.

나를 행복하게 만든다

전쟁터에서 가장 중요한 것은 기분이다.
기분에 따라 세상을 보는 시선이 달라진다.
경영학자 피터 드러커는 말했다.
"약점으로는 아무 성과도 낼 수 없다. 성과를 만드는 건 강점이며,
강점을 키우려면 스스로를 행복하게 만들어야 한다."
행복이야말로 성공의 전제 조건이라는 뜻이다.
이건 전쟁에서 승리한 장수들이 공통적으로 주장하는 이야기다.
전사들이 행복해야 이긴다는 것은 절대적인 전쟁 수칙이다.
나는 살벌하고 적막한 동네에서 어떻게든 나를
행복하게 할 방법을 찾기 시작했다.

재개발이 진행되면서 동네는 쓰레기 하치장처럼 변했고,
밤이 되면 인적조차 끊겼다.
그런 공간에 있다 보니 스멀스멀 두려움이 기어 올라왔다.
뱀이 온몸을 칭칭 감듯 질식할 것 같은 불쾌함이 전신을 짓눌렀다.

그러다 우연히 심리학자 로버트 E. 세이어의 글을 읽게 되었다.
"기분은 인생의 중심이다. 일상, 돈, 관계보다 훨씬 중요한 건
기분이다. 모든 건 기분에 따라 다르게 해석된다.
성공은 기분을 좋게 하고, 실패는 기분을 망친다."
사람들은 기분을 자주 언급하지만, 정작 그 감정에 대해선
가볍게 여기는 경향이 있다.
하지만 인생에서 기분은 매우 중요하다.
사람의 마음은 갈대처럼 흔들리기 쉽고,
기분에 따라 인생이 출렁인다.

일반적으로 사람들은 오전엔 문제를 덜 심각하게 여기고,
피곤하거나 긴장된 상태에서는 훨씬 더 무겁게 받아들인다.
기분이 좋으면 세상이 다 괜찮아 보이고, 기분이 나쁘면
기도도 안 되고 입맛도 없고 세상이 다 싫어진다.
기분을 다스리는 건 그만큼 중요하다.
그렇다면 기분을 바꾸는 데는 시간이 얼마나 걸릴까?
심리학자 대니얼 카너먼의 실험 결과, 3초라는 것이 밝혀졌다.
싫은 사람을 떠올리면 기분이 금세 나빠지고,
좋아하는 사람을 만나면 금세 좋아진다.
기분이란 건 그만큼 빠르게 내 선택으로 바뀔 수 있는 것이다.
그러니 기분 나쁜 생각은 애초에 하지 말고, 기분 좋게 해주는
것들만 떠올리며, '나를 기분 좋게 해주는 것' 목록을 만들어보자.

구체적 방법은 눈, 코, 귀, 입, 몸의 오감을 자극하는 것이다.
이 다섯 곳은 몸의 외부와 내부가 만나는 지점이고,
쾌락 세포가 집중된 감각기관이다.
이 감각을 기분 좋게 해주는 것이 가장 빠르고 강력한
기분 전환법이다.

눈을 호강시켜라

좋은 것을 보면 눈이 즐겁다. 감정은 눈이 보는 대로 따라간다.
예쁜 꽃을 보면 기분이 좋아지고, 쓰레기나 더러운 것을 보면
얼굴이 찌푸려진다.
그래서 내 눈에 기분 좋은 걸 보여주는 게 중요하다.
좋은 사진을 계속 들여다보면 그곳에 있는 듯한 착각이 든다.
이는 인간의 중추신경이 가진 생존 기능이다.
그래서 매몰된 탄광에 갇힌 광부들이 살아남을 수 있었던 것이다.

마을 전체가 말 그대로 쓰레기 하치장이 되어버린 동네.
내 마음도 마치 쓰레기로 가득 찬 것 같았다.
얼굴은 찌푸려지고, 기분은 우울했다.
그래서 마음속 쓰레기를 치우기 시작했다.
싸구려 명화 복제품이든 뭐든 좋아하는 사진을 벽에 붙였다.
그렇게 숙소를 카페처럼 꾸미고 나니,

복잡했던 마음에 안정감이 찾아오기 시작했다.

코를 호강시켜라

사람은 냄새에 예민하다.
좋은 향기가 나면 마음이 열리고,
역한 냄새는 곧장 얼굴을 찌푸리게 만든다.
재개발로 무너진 동네는 걸레 썩는 냄새가 진동했다.
나도 모르게 하루 종일 인상을 쓰고 다녔다.

그래서 '냄새 지우기 작전'을 시작했다.
성당 마당까지 굴러온 쓰레기를 다 치우고,
사제관엔 향기 나는 꽃을 들이고, 커피 가루와 향수를 뿌렸다.
내가 사는 공간만큼은 좋은 냄새가 나야 한다.
그래야 얼굴을 펴고 살 수 있다.

나는 상담소를 운영하면서 우울한 사람에겐 쉰내가,
불안한 사람에겐 탄내가 난다는 사실을 알았다.
그래서 나는 내담자들에게 향수를 권한다.
좋은 향기가 삶을 바꾼다는 것을 체험했기 때문이다.
향수는 지금도 내가 가지고 있는 무기다.
우울이라는 마귀를 쫓아내는 성수다.

그래서 차 안에, 숙소에, 사무실에 비치해두고 수시로 뿌린다.

귀를 호강시켜라

재개발이 진행되면서 달랑 성당만 언덕에 남았고,
밤이면 온 동네가 스산한 광야처럼 텅 비었다.
아무도 없는 줄 알았다. 그런데 어느 취재 기자가 이곳에 왔다가
양아치한테 카메라를 빼앗길 뻔했다. 그때 알았다.
깡패들이 새벽까지 성당 주변을 맴돈다는 걸.
속이 부글부글 끓었다.

그들을 어떻게 괴롭힐까 고민하다가 클래식 음악을 틀기로 했다.
무지렁이 깡패들이 싫어할 거라고 생각했기 때문이다.
오디오를 구입해 깡패들이 자는 새벽 시간에 풀 볼륨으로
클래식이 온 동네에 울려 퍼지게 했다.
'어디 너희도 한번 죽어봐라' 하는 심정으로.

그런데 이상하게도 한 달쯤 지나자 내 속이 시원해지기 시작했다.
"음악 감상은 영혼의 샤워"란 말이 맞았다.
지금도 머리가 아플 땐 차를 몰면서 클래식에 파묻힌다.
내 머릿속 쓰레기를 치우기 위해.

입을 즐겁게 하라

예전엔 "배만 고프지 않으면 된다"며 아무거나 먹었다.
맛집 앞에 줄을 선 사람들을 보면 한심하다고 생각했다.
재개발 시절에도 그랬다.
그랬더니 몸이 망가지고 체력은 떨어졌으며 전의도 상실했다.

그러다 전쟁터에서 병풍을 둘러치고 제대로 된 음식을
차려 먹었다는 장수 이야기를 읽었다.
"잘 먹어야 잘 싸우지."
그때부터 나도 입을 즐겁게 해주기 시작했다.
나에게 정찬을 차려주기로 한 것이다.
그게 나를 버티게 해줬다.

지금도 나는 내담자들에게 말한다.
"제대로 드세요. 몸을 소중히 여겨야 마음도 건강해집니다.
몸을 함부로 하면 몸이 반항을 하는데, 그게 바로 병입니다."
먹는 걸 아껴서 명품을 사는 사람이 오히려 일찍 병들어
죽는 경우를 많이 봤다.
몸은 입에 무엇을 넣어주느냐에 따라 성능이 달라진다.
아무거나 먹으면 몸도 아무렇게나 된다.
잘 먹어야 성능 좋은 무기가 된다.

깔끔하게 살자

제2차 세계대전 당시 유대인을 학살한 독일군은
평범한 사람들이었다.
오히려 삶의 질은 끌려온 유대인이 더 높았다.
그래서 독일군은 유대인을 돼지우리 같은 수용소에 몰아넣었다.

전쟁 중에는 포로를 일부러 더럽고 지저분한 곳에 가둔다고 한다.
그래야 사람을 짐승 취급하며 쉽게 죽일 수 있기 때문이다.
가좌동 철거 업체의 전략도 다르지 않았다.
동네를 온통 쓰레기더미로 만들었다.
그러자 어느 날부터는 쓰레기 청소차도 들어오지 않았다.
동네가 쓰레기 하치장처럼 변해가자 나조차도 어느새
말투가 거칠어지고, 몸가짐도 흐트러지기 시작했다.
쓰레기더미 속에서 쓰레기처럼 되어간 것이다.

그러다 전쟁 포로로 잡혔다가 살아남은 사람들 이야기를 접했다.
그들은 적은 양의 물을 배급받아도 마시기보다 세수를 했다고 한다.
품위를 가진 인간이라는 걸 보여주기 위해서였다고 한다.
그런 사람들은 끝까지 살아남았다.

깔끔하게 사는 것이 생존 전략이었던 것이다.

사람은 생김새뿐 아니라 옷차림에서도 상대에게 메시지를 준다.
허름한 옷을 입으면 푸대접을 받지만,
단정하고 고급스러운 옷을 입으면 대우가 달라진다.
겉모습이 중요하지 않다고들 말하지만, 현실에서는 그렇지 않다.
그날 이후 나는 정장을 입고 다니기 시작했다.
동네에 쓰레기와 먼지가 날아다녀도 매일 정장을 입었다.
그 자체가 하나의 전쟁이었다.

지금도 가능하면 깔끔하게 하고 다니려 한다.
특히 머리에 신경을 많이 쓴다.
머리가 헝클어져 있으면 무시당할 수 있다고 생각해서다.
그래서 젤을 수십 통을 썼고, 지금도 수십 통을 비축해놓고 산다.
나의 무기 중 하나다.

자기만의 공간을 만들어라

자기만의 공간에서 홀로 있는 시간을 갖는 것은
큰 문제에 직면했을 때 꼭 필요하다.

심리학자들은 이구동성으로 말한다.
"혼자 있는 것이 두려워 사람을 찾아 나서거나,
다른 일에 몰두하면 문제 해결 능력이 생기지 않는다."
들어오는 자극은 많은데 뇌가 그걸 소화해낼 시간은 부족하다.
나중에는 과부하가 걸린 컴퓨터처럼 뇌의 회전 속도가 느려지면서
생각이 잘 돌아가지 않는다.

뇌를 쉬게 하려면 자극을 차단해야 한다.
과도한 자극이 들어오는 것을 막고, 그동안 받아들인 정보를 소화해
기존 정보와 통합할 시간을 가져야 한다.
그래서 자기만의 공간이 필요한 것이다.
심리학에서는 이를 '동굴 효과'라고 한다.
원시시대부터 동굴은 피신처이자 어머니 자궁 같은 공간이었다.
가좌동 본당 시절, 아는 것이 하나도 없는 곳에서
무언가를 한다는 것은 참 까다로운 일이었다.

쉴 새 없이 불만이 몰아쳤고, 심장이 튀어나올 듯 뛰었다.
성당에 불을 지르겠다는 협박 때문에 제대로
잠도 자지 못하는 날이 이어졌다.

그러던 어느 날, 문득 생각이 들었다.
'사제관에 작은 기도방을 만들어야겠다.'
그리고 그곳에서 쉬며 심호흡을 해보았다.
심호흡이란 마음으로 몸의 구석구석을 탐색하는 것이다.

방법은 간단하다. 특정 부위가 긴장되어 있다면,
그곳으로 숨을 불어넣듯 집중해서 편안하게 만든다.
그리고 적어도 5분에서 20분 정도 호흡에 집중하며
긍정적 감정에 초점을 맞춘다.
몸과 마음의 긴장을 푸는 데 심호흡은 아주 효과적이다.
길고 긴 5년 반의 시간 동안 심장이 튀어나올 듯이 두려울 때마다
나만의 공간에서 숨 고르기를 하면서 전쟁터 같은 곳에서 버텼다.

나는 지금도 상황이 녹록지 않고 길이 여의치 않을 때면
나만의 동굴 속으로 들어간다.
그리고 어머니 뱃속의 태아처럼 쉰다.

실컷 울어라

마음 건강을 챙기기 위한 방법 중 하나가 눈물이다.
예전 어른들은 눈물에 깊은 거부감을 보였다.
남자는 눈물을 보여선 안 되고,
여자가 울면 집안에서 복이 나간다고 했다.
그러나 심리 치료가 발전하면서 울음이 마음을 치유하는 데
큰 도움을 준다는 사실이 밝혀졌다.
실제로 울지 못한 감정은 가슴에 응어리로 남아
결국 병이 되기도 한다.

사람들은 마음속에 수많은 '한'을 품고 살아간다.
가끔 어린 시절을 떠올리면 눈물이 쏟아질 것 같은 때가 있는데,
그 이유는 당시의 한이 아직도 풀리지 않았기 때문이다.
그럴 때는 실컷 울어야 한다.
마음속 응어리가 눈물을 통해 밖으로 흘러나오도록.

우연히 복서 로키 마르시아노의 이야기를 들었다.
그는 시합 전 두려움 때문에 라커 룸에서 실컷 운다고 했다.
그리고 링 위에서는 야수처럼 싸웠다.

그의 분노와 전의는 울음으로 두려움을 씻어낸 후
솟아오른 힘이었다.

그의 이야기를 읽으면서 고개를 끄덕였지만
막상 울려니 쉽지 않았다. 그래서 술의 힘을 빌렸다.
한밤중에 만취한 채 성전으로 들어가 예수님께 울부짖었다.
"그렇게 무책임하게 십자가에 매달려 있지 말고
좀 내려와서 해결 좀 해주세요."
꺼이꺼이 울면서 주정처럼 퍼부었다.
효과는 실로 만점이었다. 토하듯 실컷 울고 나면
무슨 일이 있었냐는 듯 멀쩡하게 성전을 나설 수 있었다.

상담소를 찾아오는 중년 이상의 남성들은 대부분 울 줄 모른다.
어릴 적부터 눈물을 누르며 살아온 탓이다.
그들의 이야기를 듣다 보면, 마음속에서 울고 있는 아이가 보인다.
참으로 안쓰럽다. 그런 분들에게는 아무도 보지 않는 곳에서
마음 놓고 실컷 울어보라고 권한다.

공상하는 시간을 가져라

직장이 없는 백수는 돈이 없어 밖에 나갈 엄두조차 내지 못한다.
그래서 하루 종일 집 안에서 공상에 빠져 지낸다.
사람들은 그런 모습을 보고 아무것도 안 한다고 야단치지만,
공상은 오히려 심리 치료에 도움이 된다.

공상을 오래 하면 그게 현실처럼 느껴져 심리적 건강을
유지할 수 있다. 인간의 중추신경이 지닌 치유 기능 덕분이다.
심지어 신체 건강에도 긍정적 영향을 미친다.
공상을 하면 스트레스로 인해 긴장된 몸이 서서히 풀린다.
피로물질의 분비가 줄어들고, 자연스럽게 재충전된다.
몸이 다시 정상 상태로 돌아간다는 것이다.

그래서 살기 힘들고 우울하거나 불안한 사람일수록
즐거운 공상을 해보는 것이 좋다.
《해리 포터》 시리즈를 쓴 영국 작가 J. K. 롤링도
지독한 가난 속에서도 늘 공상을 했고, 이를 글로 써서
마침내 인생을 바꾸었다.
당장의 힘겨움에만 마음의 눈이 머물러 있으면

우울함에서 벗어나기 어렵다.
삶이란 살아갈 가치와 의미가 있으며, 스스로 인생을 살아가는
목적을 느끼기 위해서는 공상 속에서 미래로 떠나는 게 유용하다.

방법은 간단하다.
가장 좋아하는 자리에서 편안한 자세를 취한다.
거추장스러운 것을 치우고, 두 손을 모은다.
몸이 공중에 둥둥 뜨는 느낌을 떠올려본다.
눈을 감고 1년, 2년, 혹은 3년 뒤의 자신을 상상한다.
그때의 자신이 아주 편안하고 즐거운 삶을 누린다고
상상하는 것이다. 이렇게 하면 지금의 열악한 현실에서 비롯된
스트레스를 어느 정도 덜어낼 수 있다.

앞날이 보이지 않고 막막할 때는 대수롭지 않은 생각들이
버러지처럼 들러붙는다.
이럴 때 우리에게 절대적으로 필요한 것이 공상이다.

부정적 감정 다루기

자신이 어찌할 수 없는 상황이 지속되면 마음이
부정적 감정으로 가득 찬다. 특히 불안, 우울, 분노 이 세 녀석은
늘 붙어 다니는 우리 마음속 양아치다.

양아치를 생각하니 떠오르는 사건이 있다.
예전에 중국의 한 원숭이 사육장을 방문했을 때의 일이다.
사방에서 원숭이들이 펄쩍거리며 돌아다니는 가운데 한 중국인이
그중 한 마리를 놀렸다.
그러자 순식간에 세 마리가 그를 둘러싸고 공격하려 들었다.
마치 깡패 같은 모습이었다.

사는 게 열악하고 마음이 고단해지면 불안, 우울, 분노라는 양아치가
원숭이처럼 우리 자아를 집단으로 두들겨 패기 시작한다.
이런 감정을 막아내는 방법이 있다.

첫째, 속에 있는 이야기를 가감 없이 말로 쏟아낸다.
나의 이야기를 들어주고 공감해주는 사람이 있으면 금상첨화다.
말 상대가 없다면 십자가나 부처님 등 신적 존재에게

쏟아내는 것도 유용하다.
말은 배설과 같아서 쏟아낼수록 속이 후련해진다.

둘째, 자신의 감정을 세세하게 글로 적어본다. 일종의 감정일기다.
글로 감정을 솔직하고 적나라하게 쓰다 보면 카타르시스가 생긴다.
말과 글을 무기로 그 세 녀석과 싸우는 것이다.

물론 깊게 뿌리내린 부정적 감정과 싸우는 일은 쉽지 않다.
이런 감정은 대부분 우리가 밀접하게 관계를 맺어온 사람들과의
상처나 상호작용에서 생긴 것이기 때문이다.
그러나 스스로 억제하거나 점잖게 넘기려 하면 오래 지나지 않아
몸과 마음이 무너지고 만다.

한국인은 경직된 유교관 때문에 자기 억압이 심한 편인데,
가톨릭 신자의 경우는 여기에 엄격한 영성관까지 덧붙여져
감정을 토해내는 작업을 제대로 못 하는 사람들이 많은 편이다.
그러면 결국 심리적 이상행동을 보이게 마련이다.

그래서 나는 지금도 말하고 쓰면서
그런 감정을 털어내는 작업을 계속하고 있다.
속병에 걸리지 않고 건강한 노년을 보내기 위해서.

친구가 방패막이다

심장병 발병률이 낮은 지역을 조사하던 미국 정부는
펜실베이니아주의 로제토Roseto 마을을 주목했다.
주민 대부분이 과체중이고, 담배를 즐기며, 육식을 좋아하는데도
건강한 비결이 무엇인지 궁금했기 때문이다.
그 비결은 식습관이나 운동이 아닌 사회적 지지, 친밀한 유대감,
가족과 함께하는 생활이었다.

사람은 누군가에게 상처와 아픔을 안겨주는 존재다.
하지만 그걸 치유하는 것도 결국 사람이다.
그래서 주위에 좋은 사람이 많은 이가 가장 부유하다.
돈이 많아도 함께 밥 먹고 놀아줄 사람이 없다면 불행한 인생이다.

누군가 내 손을 잡고 함께 울어줄 때 우리는 안도한다.
내 감정에 공감하고 걱정해주는 사람이 있다는 사실만으로도
나는 혼자가 아님을 느낀다.
물론 그 사람이 내 상실을 회복해주거나, 슬픔을 없애주지는 못한다.
하지만 내가 상실을 충분히 슬퍼하고,
두려움 없이 받아들일 수 있도록 곁에 있어준다.

심리학자 브루노 베텔하임은 자신이 아우슈비츠 수용소에서
살아남은 힘은, 밖에서 누군가가 자기 운명을 염려하고 있을지도
모른다는 작은 믿음이라고 말했다.
일본의 시골에서는 집 주변에 대나무를 심는다고 한다.
지진이 나서 집이 무너질 때 엉킨 대나무 뿌리가 집을 붙잡아주는
역할을 한다고. 친구란 그런 존재다.

내 친구는 꽤 다양하다.
사제들만의 이야기를 나눌 수 있는 친구들.
상담 심리에 대한 이야기를 나누는 친구들.
성격이 좋고 재미있어 함께 어울려 노는 친구들도 있다.
꽤 오래전부터 화투를 좋아하는 사람들하고도 친분을 맺어왔다.
만나서 웃고 떠들다 보면 저절로 속풀이가 된다.

이제는 나이가 들면서 정치, 기업, 종교, 언론, 법조, 문화 등
다양한 직종의 친구들을 만나고 있다.
그냥 한번 모여보자고 해서 모임 이름도 '그냥'이다.
내적으로 편향된 꼰대 노인네가 되지 않기 위한 나름의 노력이다.
사제인 내가 가진 가장 큰 자산은 친구이다.

자기만의 의식을 가져라

몸은 마음의 고통을 고스란히 받아들인다.
고통을 느끼는 육체는 다시 그 고통을 마음으로 고스란히 전달하는
순환 고리를 가지고 있다.
그래서 불안이나 걱정을 방치하는 것은 자신의 몸을
유독성 쓰레기장으로 만드는 것과 같다.

그렇다면 불안하고 걱정스러운 생각을 어떻게 처리해야 할까?
옛말에 "오만가지 생각을 다 한다"는 표현이 있는데,
실제로 사람은 하루 평균 5만 가지 생각을 한다고 한다.
그 대부분이 화, 두려움, 비관, 걱정 같은 부정적인 것이다.
하지만 중요한 건 우리가 어떤 생각을 하든 그것은
단지 '생각'일 뿐이라는 사실이다. 자신이 허락하지 않는 한
어떤 부정적 생각도 마음에 상처를 남길 수 없다.

그래서 불길한 생각이 스칠 때는 얽매이지 말고, 그저 조용히
지나가기를 기다리는 편이 낫다.
살다 보면 별의별 생각이 다 들지만, 그 어떤 것도
오래 머무는 법은 없다.

조용히 흘려보내면 사라지지만, 거기에 빠져들면
생각은 꼬리에 꼬리를 물고 이어지면서 마음을 초토화시킨다.
과도한 걱정은 몸의 기능까지 해쳐 신경쇠약을 불러오고,
종일 피폐한 삶을 살게 만든다.

힘겨운 상황이 닥치면 누구나 제발 꿈이길 바라면서
도망가고 싶어진다. 그러나 현실은 조금도 변하지 않으며,
몸과 마음은 점점 더 무너져갈 뿐이다.
그럴 땐 자신을 단련하고 훈련하는 것이 거센 파도를
이겨내는 방법이다.

이런 상황에 처했을 때 종교가 있는 사람은 매일 미사나
예배에 참석하는 것이 좋다.
종교가 없다면 정해진 시간에 긴 산책을 하는 것도 유익하다.
이러한 자기만의 일상적 의식이 자아가 걱정에 빠지지 않도록
잡아주는 힘이 된다.

돌아가신 김수환 추기경께서 생전에 하신 말씀.
당신이 정신적 스트레스를 견딘 방법은 세 시간 정도 성당에
머무는 것이었다고 하셨다. 당신만의 의식을 하신 것이다.

식물을 키워라

자연환경이 사람의 생각과 행동에 미치는 효과는 크다.
특히 식물은 세상을 좀 더 나은 곳으로 만드는 데
크나큰 영향을 미친다.
또한 식물은 반사회적 행동도 감소시킨다.
병원 환자는 창문 밖으로 나무를 볼 때 회복 비율이 높다고 한다.
녹지대가 있는 도시는 나무가 별로 없는 콘크리트 아파트 지역보다
범죄율이 낮다는 게 그것을 입증한다.
진화심리학자에 따르면, 식물의 초록색은 식량이 있음을 알려주는
신호이기에 사람들이 안도감을 느끼고 평화롭게 살 수 있다고 한다.

오래된 동네를 걷다가 아스팔트 틈새에서 자라는
작은 풀꽃을 보았다.
아무도 관심을 주지 않는 잡풀이건만 끈질기게 살아남은
그것을 보며 부끄러운 마음이 들었다.
숨통을 틔우기 위해 식물을 사들이기 시작했다.
사제관을 식물로 채우고, 내가 밀림 속에 들어앉은 모습을 상상했다.
그러자 하루의 피로를 식물들이 씻어주는 듯했다.

프란치스코 성인은 식물들과 대화를 나누었다는 기록이 있다.
가끔 수도원에 들어가 산길을 산책하다 보면 나무나 풀이
말을 걸어오는 듯하고, 그럴 때면 내적 정화와 재충전을 체험한다.

지금도 여전히 나무와 꽃을 사들이고, 심지어 사람들이 버린
유기된 화분이나 나무까지 가져다 키운다.
아무리 궁핍해도 집 안 가득 들풀이나 들꽃이 있으면
결코 무너지지 않는다. 식물은 힘들 때 나의 쉼터였다.
힘들수록 식물로 자신을 감싸라.
그것이 생존하는 방법이라 말하고 싶다.

식물은 내적인 힘을 키워주는 수단이기도 하다.
심리 치료에서는 우울증 환자들에게 식물을 키우기를 권한다.
동물들은 신경 쓸 일이 많고, 행여 죽으면 우울증이 악화되지만
식물은 그런 부담이 없기 때문이다.
이렇게 무언가를 키우면서 우울증이 치유된다.

화투로
감정 근육을
키우다

화투 치는 사람들이 가끔 사회적 물의를 일으킨다.
판돈이 큰 도박을 벌이다가 경찰에 적발되면 화투는 마치
망국병인 양 비난을 받는다.
물론 중독 수준으로 매일 치고 판돈이 크다면 분명 문제다.
하지만 심리 치료에서는 놀이가 효과적이다.
특히 화투는 심리적 해소와 회복에 도움을 준다.

성당 사목은 결코 쉽지 않다.
말썽 피우는 신자들 때문에 속앓이를 할 때도 많다.
그럴 경우에도 함께 화투를 치며 웃는 시간을 가지면
감정을 정화하는 데 큰 도움을 준다.
만약 그런 시간을 갖지 않고 혼자 끙끙 앓았다면,
아마도 화병이 나서 병원 신세를 졌을지도 모른다.

그렇다면 우울하고 불안할 때 화투가 도움이 되는 이유는
무엇일까?
우선 '함께 하는' 놀이라는 점이 중요하다.
세 사람, 네 사람이 어울려 시간을 보내는 것 자체가

최고의 치료제다. 사람의 병은 혼자 있을 때 생긴다.
찾아오는 사람도, 찾아갈 사람도 없을 때 고독 속에서 병은 자라난다.
인간은 본래 무리 지어 살던 존재다.
무리에서 벗어나면 병이 생긴다는 말처럼
마음의 병을 치유하는 데는 함께 노는 것이 가장 효과적이다.

화투는 간단한 도구와 작은 공간만 있으면 오랜 시간 함께
즐길 수 있는 좋은 놀이다. 마음 건강에도 좋다.
사람의 마음은 몸처럼 감정이라는 근육으로 되어 있다.
몸의 근육은 헬스장에서 단련할 수 있지만, 감정의 근육은
놀이를 통해서만 단련된다.
이기고 지면서 기쁨, 허탈감, 분함, 아쉬움 같은 다양한 기분을
겪어야 감정 근육도 튼튼해진다.

나는 신자들에게 농담처럼 자주 말하곤 한다.
"췌장암에 걸리기 싫으면 고스톱 쳐서 쓰리고에 피박을 써보세요.
돈을 잃었을 때 배가 아프고 괴로운 건 췌장이 자극을 받아
운동하느라 그런 것이니, 돈 조금 잃고 암을 예방한다면
그것 이상 좋은 일이 또 있을까요?"
이렇게 말하면 다들 박장대소한다.

'화투' 하면 우리 어머니 이야기를 빼놓을 수 없다.
90대 중반이 넘었는데 치매나 암도 없고, 기억력도 대단하시다.

비결이 뭘까 했더니 오랫동안 동네 어르신들과 화투를 친 것뿐이다.
어머니에게 치매 예방약은 다름 아닌 화투였다.

나는 지금도 가끔 옛 멤버들과 한판 치면서
마음속 먼지를 훌훌 털어낸다.
못 먹어도 고!

소리 질러!

심리적 갈등이 심해지면 심한 피부염이 생긴다.
약을 바르고 먹어도 좀처럼 낫질 않는다.
나도 그랬는데 누군가가 귀띔해주었다.
"그거 화병일지도 몰라요."

어떻게 해야 하나 고민한 끝에,
영국의 신경심리학자 데이비드 위크스 박사가 예의 바르게 살다가
각종 질병에 시달리는 사람들에게 속칭 '고래고래 소리치기'를
처방했다는 이야기를 접했다.
그래서 나를 화나게 하는 대상들을 떠올려봤다.
그들의 얼굴을 머릿속에 떠올리고,
차를 몰면서 고래고래 소리치고 욕을 퍼부었다.

얼마쯤 지났을까, 문득 배가 고팠다.
시계를 보니 10분쯤 소리친 것 같았다. 그러자 아무 생각도
들지 않았고, 마음과 몸이 거짓말처럼 편안해졌다.
그 이후로도 속이 답답할 때면 차를 몰고 나가 소리를 지른다.

사정이 여의치 않을 때는 집 안에서 해소하는 방법을 썼다.
샌드백을 사다가 걸어두고 두들겨 패며 소리를 질렀다.
성에 안 차면 미운 놈 얼굴을 그려서 붙여놓고 주먹질을 해댔다.
샌드백을 들어 패대기치고 발길질하며 마음속 분노를 토해냈다.
그렇게 이른바 '지랄발광'을 30분쯤 하고 나면 마음속에 고여 있던
불순물이 다 빠져나간 듯 속이 후련해졌다.

그런데 또다른 신기한 일이 생겼다.
샌드백을 방과 방 사이에 걸어두고 지나다닐 때마다
발로 차곤 했는데, 어느 순간부터 그게 눈에 들어오지 않았다.
하루이틀, 때로는 한 달 이상을 그렇게 그냥 지나쳤다.
마음속에 겹겹이 쌓였던 분노가 누그러지고,
미움이 줄어들었기 때문에 샌드백이 보이지 않았던 것이다.
지금도 열받는 일이 생기면 그 샌드백을 한 번씩 꺼내 쓴다.
내 인생 끝까지 함께할, 내 화를 받아주는 소중한 친구다.

내담자 중에는 무슨 이야기를 하는지 알아듣기 힘들 만큼
작은 소리로, 누가 들을까 봐 사방을 살피며 말하는 사람이 있다.
안쓰러운 마음에 그런 분들에게 소리 지르는 법을 알려준다.
처음에는 힘들어하지만, 시간이 지나면서 점점 목소리가 커지고,
흔들리던 눈동자도 서서히 자리를 잡아가는 것이 보인다.

풀어야 산다

일본 사회심리학자 모리 박사가 중얼거리며 걷는 모습을 보고
제자가 물었다.
"교수님, 걸으면서도 연구를 하십니까?"
그러자 모리 박사는 이렇게 대답했다고 한다.
"아니야, 난 지금 조금 전에 내 기분을 상하게 한 녀석
욕하는 중이야."
모리 박사는 화가 나는데 사람들 앞에서 드러낼 수는 없고,
그렇다고 참자니 속이 터질 것 같을 때는 어떻게든
속을 푸는 게 좋다고 말한다.
특히 작은 소리로 구시렁거리며 욕만 해도 속이 풀린다고 한다.

걸으면서 욕하는 것이 일종의 분노 해소법,
심리 치료법이라는 걸 모리 박사를 통해 알았다.
처음에는 "설마 그게 효과가 있겠어?" 하고 반신반의했다.
그러던 어느 날, 스트레스를 심하게 받은 나는 밤에 동네를 걸으며
이를 한번 실천해보았다.
대박! 정말 효과 만점이었다.
30분쯤 구시렁거리며 걷고 나니 속이 편안해졌다.

하지만 문제가 하나 있었다.
동네 사람들은 내가 신부인 걸 다 안다.
혹시라도 누가 볼까 봐 조심스러웠다.
장소를 물색하다가 결국 성당이 가장 안전할 듯싶었다.
아무도 없는 시간, 성당 안에서 욕을 중얼거리며 걸었다.

그러던 어느 날 성당 앞에 할머니 몇 분이 와 계셨다.
미사도 없는 날인데 어떻게 오셨느냐고 묻자 이렇게 말씀하셨다.
"신부님이 성당에서 기도하신다고 해서 같이 하려고 왔어요."
할 수 없이 성당 문을 열어드리고, 그분들이 들으실까 봐
조심스럽게 걸으며 구시렁거렸다. 그랬더니 이상한 소문이 났다.
본당 신부가 기도 중 성령의 은총으로 '방언'을 한다는 소문이었다.
지금도 그분들은 내가 성령 충만한 신부인 줄 아신다.

욕을 입 밖에 내지 않는 사람은 마음에 그것을 품고 산다.
그것이 품위 있는 삶이라 여기는 것이다.
그런데 그에 따른 신경증적 부작용이 적지 않다.
하고 싶은 말을 못 하고 억누르는 사람은 자신의 감정을 감추기 위해
이른바 '포커페이스'를 한다.
그러다 보면 얼굴 근육이 굳어버리고 늘 굳은 표정으로 다닌다.
그리고 무엇보다 눈가에 살기가 있다.
사람의 감정 에너지는 어디론가 발산해야 하는데,
눈이 그 탈출구가 되어서다. 그래서 마음에 분노를 키우는 사람은

눈에서 살기가 느껴지는 것이다.

신체 건강에 배변이 중요하듯
정신 건강에는 감정 해소가 중요하다.
배변이 안 되면 일상이 어려워지듯 감정을 해소하지 못하면
똥 마려운 강아지처럼 불안정하게 살게 된다.
그래서 나는 지금도 속에 쌓인 게 생기면
성당 마당을 걸으며 내뱉는다. 기도하는 척하면서.

억지로라도
웃어라

"심리적으로 가장 건강한 사람은 어떤 사람인가요?"
가끔 이런 질문을 받는다. 교회에서는 기도를 많이 하거나,
봉사를 많이 하는 사람이라고 말한다.
하지만 심리적 건강과 가장 관련이 깊은 것은 바로 웃음이다.
특히 자기 자신을 보고 웃을 줄 아는 사람이 진짜 건강한 사람이다.

당신은 거울 속 자신을 보면 어떤 감정을 느끼는가?
정신이 건강하려면 '내가 나를 어떻게 보느냐'가 아주 중요하다.
그래서 우리는 평소 거울 속 나를 보며 웃는 훈련을 해야 한다.
이런 말을 하면 이렇게 반문하는 이들도 있다.
"하루하루 살아가기도 힘든데, 무슨 수로 거울을 보며 웃나요?"
그래도 웃어야 산다. 억지로라도 웃어야 한다.
인간의 뇌는 의외로 단순해서 억지로 웃기만 해도
정말 좋은 일이 생긴 줄 알고 신이 난다.
마치 부모가 웃으면 아이도 따라서 깔깔 웃는 것처럼.

미국의 단거리 육상선수 칼 루이스는 숨이 차도록 달리는 중에도
미소 짓는 모습으로 유명했다.

기자들이 물었다. "그렇게 힘든데 왜 웃죠?"
그가 대답했다. "힘들다고 얼굴을 찡그리면 더 힘든데,
억지로라도 웃으면 덜 힘들죠."
일본의 의사 이타미 지로 박사는 남녀 학생을 두 집단으로 나눠
한쪽은 억지웃음을, 다른 쪽은 무표정하게 지내는 실험을 했다.
2시간 후, 억지웃음 집단에서 암세포를 공격하는 NK 세포가
활성화된 것을 확인했다.

사람을 만난다는 것은 쉬운 일이 아니다.
하물며 꼴도 보기 싫은 사람을 마주할 때면 속이 뒤집힐 정도다.
나는 이런저런 꼴을 다 겪으며 온갖 인상을 쓰다 보니 결국 복통까지
생기기 시작했다. 아는 의사에게 물었더니 이런 대답을 들었다.
"얼굴을 찌푸리면 내장도 찌그러들어요."
그 말에 자극받아 일부러 거울을 보며 억지웃음을 짓는 시간을
자주 가졌다. 그랬더니 복통이 많이 줄어들었다.

지금도 속이 불편할 때면 일단 억지웃음부터 짓는다.
"웃으면 복이 와요"는 진짜 맞는 말이다.
온갖 진상을 상대하다 보면 복장이 터질 때가 많았는데,
그럴 땐 이불을 뒤집어쓰고 미친 듯이 웃어댔다.
지금도 잠자리에 들기 전, 잠에서 깨어난 직후 무조건 웃는다.
그렇게 웃는 습관이 나를 살아 있게 해준다.

고개를 들어라

자신감이 떨어지면 자기도 모르게 고개가 숙여진다.
강자 앞에서는 마음이 위축되고 몸도 오그라든다.
재개발 본당 시절, 나는 혹시라도 밤길에 좋지 않은 일을 당할지
모른다는 두려움에 사방 눈치 보며 고개를 숙이고 다녔다.

그러던 어느 날, 어떤 장군의 자서전에서 이런 글을 읽었다.
"상대에게 위축된 모습을 보이면 공격당하기 쉽다.
공격자는 자기 개성을 마음껏 펼치지 못하는 사람들을 겨냥한다.
왜냐하면 그런 사람들은 스스로 자신을 약하게 만들기에
싸우지 않고도 쉽게 이길 수 있기 때문이다.
사냥감들이 위축되어 있는 것을 '힘의 공백 상태'라고 하는데,
이것이 공격자를 불러들이는 것이다. 힘의 공백 상태에서는
반격에 서툴고, 다른 사람과의 갈등을 피하려 한다."

이 글을 읽은 후, 나는 고개를 빳빳이 들고 다니기로 했다.
잘못한 것도 없는데 고개를 숙이는 것은 굴욕이라는 생각이 들어
'시비 걸 테면 걸어봐' 하는 심정으로 당당하게 걸었다.
결과적으로 다친 데 하나 없이 그들로부터 항복을 받아냈다.

지금도 가능하면 고개를 곧추세우고 다닌다.
특히 쓰레기 같은 것들과 함께 있을 때는 더더욱.

시간이 지나면서 쭈뼛거리며 변두리를 맴돌던 내가
파이터로 변해가는 모습이 보였다.
쉽지 않았던 그 시간 속에서 얻은 몇 가지 깨달음을 나누고 싶다.

첫째, "이젠 끝이야"라는 상황에 몰리면 사람은 인생의 밑바닥에
떨어진 기분을 맛보게 된다. 하지만 밑바닥까지 떨어지면
더 이상 잃을 게 없기에 오직 올라갈 일만 남는다.
고민에 빠졌을 때 해결책이 쉽게 떠오르지 않는 건 당연하다.
해결책이 보인다 해도 우왕좌왕 망설이는 사이 상황은 더 악화하고,
걱정은 더 깊어진다.
그러나 사면초가일 때 어디선가 문 하나는 열려 있기 마련이고,
그 문이 바로 자신이 진짜 가야 할 길이다. 모든 걸 포기해야 할 때
"이것만은 놓치고 싶지 않다"고 끝내 붙잡는 것이 있다면,
그게 바로 당신 인생에서 가장 소중한 것이다.

둘째, 고통은 사람을 성숙하게도, 비참하게도 만들 수 있다.
마치 옹기가마의 불이 옹기를 만들기도, 숯을 만들기도 하는 것처럼.
고통에 짓눌려 사느냐, 고통을 끌어안고 해결해가며 사느냐에
따라 우리는 옹기가 될 수도 숯이 될 수도 있다.
왜 나만 이런 일을 당해야 하는지 원망만 하면 숯덩이가 될 뿐이다.

셋째, 다이아몬드처럼 우리도 시련을 이겨낸 후엔
더 단단하고 찬란해질 수 있다.
열기와 압력 없이는 다이아몬드도 없다.
물론 이렇게 멋지게 말하긴 쉽지만,
내가 경험했듯 그 모든 과정은 결코 쉽지 않다.
너무 뜨겁고 두려워서 도망치고 싶고, 후퇴하고 싶었던 순간이
한두 번 아니었다.

그럼에도 불구하고 물러서서는 안 된다.
인생은 그야말로 한판의 전쟁이기 때문이다.
그래서 이기기 위한 삶을 설계하는 것이 아주 중요하다.
축구 선수 손흥민이 어떤 철학자보다 무게 있는 한마디를 남겼다.
"쫄지 마!"

좋아하는 일에
몰입하라

"사람에게 행복을 가져다주는 것은 부富도 아니고,
호화스러움도 아니고, 정직과 일이다."
미국 건국의 아버지 중 한 사람인 토머스 제퍼슨의 말이다.

〈창세기〉에서는 노동을 아담에게 주어진 형벌로 본다.
그래서 "죽지 못해 일한다" "먹고살려고 일한다"는 말이 생겼다.
그러나 일은 사람을 살아 있게 만든다.
그런 의미에서 일은 그야말로 축복이다.

일하지 않고 먹고 노는 게 소원이라고들 말하지만,
무위도식은 결국 지겨워진다. 일이 기쁨일 때 삶은 환희이고,
마지못해 하는 의무일 때 삶은 노예가 된다.
일은 개인적 통제감이 커지고, 독립심과 행동의 자유로움이
더 커지기 때문에 하는 것이다.
일은 내가 어떤 사람인지를 규정한다.
자신이 관계하는 집단에 소속감을 느끼고, 자신의 사회적
아이덴티티를 형성하게끔 해준다. 인지도와 지위가 높아지면
개인적 통제감도 커져 행복감도 함께 상승한다.

미국 시카고대학교의 미하이 칙센트미하이 심리학 교수는
사람들이 아무도 없이 혼자 있으면서 아무것도 하지 않을 때
가장 큰 불행감을 느낀다고 말한다.
그렇다면 아무 일이나 해도 된다는 뜻일까?
그렇지 않다. 자신이 좋아하는 일을 해야 한다.
그래서 세상에서 가장 행복한 사람은 자신이 좋아하는 일을 하고,
그 일을 잘하고, 그 일로 인정받는 사람이라고 하는 것이다.

청년 시절, 백수 생활을 했다. 어쩌나 지겹던지….
가진 것도 없고, 할 일도 없는 상태는 자아를 위축시킬 뿐 아니라,
아까운 시간을 낭비하게 만든다는 걸 뼈저리게 느낀 시간이었다.
그러다 심리 상담을 공부하면서 인생이 백팔십도 바뀌었다.
좋아하는 공부를 하다 보니 몸과 마음이 살아나는 듯했고,
사람들이 인정하고, 불러주는 삶이 시작되었다.
시간이 지나면서 속칭 전국구 강사가 된 것이다.

이처럼 변두리 인생에서 중심으로 오게 된 것은
내가 좋아하는 일이 내게 준 선물이었다.

병든 믿음에서 자유로워지기

어떤 사람들은 신의 이름을 빌려 타인을 괴롭힌다.
그들은 말끝마다 사랑과 진리를 이야기하지만,
정작 그 말에 상처받고 무너지는 사람들은 주변에 늘 존재한다.
그런 사람이 꼭 종교인이 아닐 수도 있다.
자신이 도덕적이고 정의롭다고 말하며,
늘 타인을 판단하며 조언하려 드는 사람들.
겉보기엔 올곧아 보이지만, 그 말과 행동은 누군가의 삶을 짓누른다.
무엇보다 무서운 건, 우리가 그들을 피하지 않으면
끊임없이 스스로를 몰아붙여 우리 자신을 잃게 된다는 점이다.
이 글은 그런 신의 탈을 쓴 폭력,
종교적 사이코패스들로부터 나를 지키기 위한 이야기이다.

5

폭력적인 종교인

신자들에게 정서적 폭력을 가하는 종교인이 있다.
종교적 사이코패스들이다.
이들은 대부분 폭력적인 부모 밑에서 성장해 심리적·신체적으로
건강하지 못한 사람이다. 지적 능력도 떨어지고,
미숙한 행동을 일삼으며, 심리적으로는 억압이 심하다.
그래서 지연, 빈둥거림, 완고, 비능률, 건망증 등을 통해
자신의 분노와 저항을 표현한다.
변덕스러우며 인간관계에서도 비협력적 태도를 보인다.

이들은 인간의 삶은 공평하지 않고, 공평해질 수 없다고 생각하며,
마음에는 적개심이 들끓는다. 그래서 다른 사람의 삶을
비참하게 만들고 가학적 쾌감을 느낀다.
다른 사람의 성공을 시기한다.
다른 사람이 잘되면 자기 일은 잘 안될 것 같다고 생각한다.

이들은 미성숙한 세계관, 이원적 사고에 의존한다.
늘 선과 악으로 갈라치고, 자신이 선의 대표라고 주장한다.
타인을 인간으로서 존중하거나 합당하게 공감할 줄 모른다.

자신의 부정적 특성을 타인에게 쉽게 투사한다.
그래서 자기 문제는 인정하지 않고, 자신의 시각에서 문제가 있어 보이는 사람을 맹렬히 비난하면서 정의의 사도인 양 행동한다.
마치 합리화의 달인 같다.

이들은 대개 독서를 하지 않고, 깊이 있는 생각도 하지 않는다.
어떤 신앙이나 신념·철학도 없이 선동적 발언으로
사람들을 혼란에 빠지게 한다.
정치적으로 극단적 발언을 하며 애국자인 척하면서
자기를 따르는 사람을 갈취한다.
마치 '사회적 암 덩어리' 같다.

그런데도 가스라이팅을 당한 사람들은 이런 자를 참목자라며
칭송을 아끼지 않고, 심지어 자기 재산과 목숨까지 내놓으려 한다.
따라서 이런 자들은 마땅히 수거해야 한다.
그냥 두면 암세포처럼 사방으로 전이되어 사회가 무너진다.

영적인
허풍을 떠는 자

내적 유혹을 극복했다고, 그런 걸 다 이겨냈다고
호언장담하는 사람은, 세파에 흔들리며 사는 이에게
열등감을 심어주는 허풍쟁이다.

사람은 마음에 깊은 욕구의 뿌리가 있어
쉽사리 욕망에서 벗어나기 어렵다.
나이가 들면 어떤 것은 약해지지만 대신 다른 것이 나타난다.
예컨대 젊어서는 이성에 흔들리고 나이 들면 재물에 흔들리지만,
더 나이 들어 기운이 떨어지면 자기 자랑과 명예욕에 빠진다.
욕망은 절대로 사라지는 것이 아니다.
사람은 죽을 때까지 욕망하는 존재이기 때문이다.

더 심각한 점은 욕망의 갈증을 억압할수록 더 갈구한다.
그래서 로마 시인 오비디우스는 "사람은 인생에서 더 선한 것을
보고 인정하면서도, 더 악한 것을 따른다"고 고백했던 것이다.
사람의 의지는 항상 신한 것을 추구할 정도로 강하지도 못하고,
욕망을 이겨낼 정도로 힘이 세지도 못하다.

영성심리학자들은 인간 내면에 대해 이렇게 말한다.
"우리 마음에는 변하고자 하는 마음과 그러고 싶지 않은 마음이
항상 같이 살고 있다. 소싸움에서 힘이 비슷한 두 마리 소가 머리를
맞대고 겨루면서 부딪치는 것과 같이 아무 데도 가지 못하고
제자리를 맴돌면서 피를 흘린다."
욕망을 승화시키는 내적 변화가 얼마나 어려운지를
단적으로 표현한 말이다.
그럼에도 자신은 모든 것을 초월한 양, 모든 욕망에서
다 벗어난 양하는 것은 종교적 연출에 지나지 않는다.
그래서 이들을 '종교 사기꾼'이라고 부르는 것이다.

이들이 사는 방식은 구걸하는 사람과 같다.
그래서 이들을 '관심 구걸자'라고도 한다.
이들은 모든 관계가 멋있어 보여야 한다고 생각한다.
그래서 자신이 도인인 척 행세하고 겉치레도 심하다.
남의 관심을 끌기 위해 특이한 옷을 입고, 별난 행동을 한다.
자신이 천상 존재인 듯 흰색이나 하늘색 옷으로 몸을 감싼다.

그러나 이들의 내면은 매우 궁색하고 궁핍해서
아무리 겉꾸밈을 해도 쓰레기 냄새가 진동한다.
실제로 이들은 재활용도 안 되는 사회적 쓰레기들이다.

거짓 예언자

속칭 예언자라는 사람들이 있다.
오래된 예언서의 내용이 그대로 실현될 거라고 주장하는 사람들,
마치 자신이 그 예언서의 중심인물인 것처럼 허풍을 치는 사람들.
대중은 그들을 도인처럼, 대단한 인물인 것처럼 생각한다.

그러나 그런 사람은 거의 대부분 사기성이 매우 짙다.
예언서의 내용을 현재에 일어난 사건에 꿰맞추기 때문이다.
이런 현상은 종교계 안에서 두드러지게 나타난다.

그런데 구성원이 어떤 비판도 하지 못하는 이유는 무엇일까?
종교 집단에서 자신의 목소리를 내는 게 절대로
쉬운 일은 아니기 때문이다.
집단은 개인에 비해 독단적·비합리적 행동을 정당화하고,
자신들의 행동을 도덕적인 것으로 여기며,
외부인에 대해 틀에 박힌 견해를 형성하는 경향이 강하다.
특히 종교 집단은 더욱 그렇다.
게다가 의지가 강한 사람이 집단토론을 이끌면
다른 사람에게 압력을 가해 동조하게끔 하고, 자기 검열을 조장하며

만장일치의 환상을 만들어낼 수 있다.
그래서 사회가 문명화했음에도 거짓 예언자가 여전히 설치는 것이다.

대개 이런 자들은 대중의 불안을 자극하고 공포심을 심어준다.
그래서 주로 내세론, 구원론, 종말론 같은 추상적 신학 주제를
자기 식대로 망상적 신학으로 만들어 현실을 호도한다.
자기 교회에 나오지 않으면 지옥에 간다고 을러대는 자들,
구원받을 사람은 14만 4,000명이라는
무식하기 이를 데 없는 주장을 하는 자들,
종말의 연도·월·일·시간까지 특정해서 이야기하는 자들은
대개 종교적 사이코패스이거나 반사회적 성격장애자다.
결국 범죄자라는 뜻이다.

이들을 방치하면 사람들은 가스라이팅을 당해 재산을 잃고,
직장과 가정을 포기한 채 감옥 같은 사이비 집단에 들어간다.
따라서 그로 인한 피해는 더 커질 수밖에 없다.
그래서 이들은 종교재판소가 아닌 일반 법정에 세워야 한다.

편집증적 종교인

중세 마녀사냥, 종교재판소, 남미 원주민 학살, 미국의 매카시즘,
히틀러의 나치즘 같은 것은 외피는 달라도 뿌리는 하나다.
이들이 가진 공통점은 무엇일까?
바로 편집증이다.

정신과 전문의 최병건은 편집증에 대해 이렇게 말한다.
"그들의 특징은 줄기차게 의심한다는 것이다. 세상일을 액면
그대로 받아들이지 않는다. 늘 배후에 뭔가 더 있다고 생각한다.
그래서 그들은 음모론의 대가다. 우연이나 실수 같은 건 그들에게
존재하지 않는다. 무슨 일이 일어나든 누군가가 일부러 그렇게
한 것이라 믿는다. 그들의 세상에서는 늘 나쁜 의도를 가진
누군가가 나쁜 짓을 하고 있다. 그들의 마음속 세상에는 인간이
갖고 태어난다고 멜라니 클라인(영국의 정신분석학자)이
생각한 원시적 환상이 별로 변형되지 않은 상태로 펼쳐져 있다."

이들은 모든 상황을 흑백논리로 본다.
타인을 동지 아니면 적으로 보는 경향이 강하다.
그가 공격하고 파괴하려는 사람은 그의 마음속에서 온전한

한 인간이 아니라 사악하고 일차원적인 존재로 비친다.
그런 식으로 보기 때문에 연민이나 상실감을 느끼지 않으며,
다른 사람을 공격하면서도 떳떳하고 당당하다.
그래서 대량 학살을 자행하면서도 가책을 느끼지 못한다.

이들은 자신이 하는 행위가 파괴적일 수도 있다는 생각을 아예
할 수 없을 정도로 지독하게 파렴치하다.
자신이 박해자라고 여기는 사람들에게 파괴적 충동을 투사함으로써
자기 존재감을 유지한다.
즉, 자신의 오류 가능성과 심리적 취약성, 책임감을 부인한다.
이들에게서는 사악하고 유독한 지옥의 유황 냄새가 난다.
사탄의 종들이기에 그렇다.

대부분의 사람은 수도복을 걸친 종교인을 보면 존경을 드러낸다.
세상 사람과 달리 영적인 삶을 살고자 하는 것에 경의를
표하는 것이다. 그런데 수도복을 입고 범죄를,
그것도 살인죄를 저지른 자들이 있다고 하면 반신반의한다.
그러나 사실이다.

중세 마녀사냥을 주도한 이들은 수도자였다.
몇 해 전 남미로 성지순례를 갔는데, 콜롬비아의 수도원을
방문하고는 경악했다.
수도원 마당에 단두대와 교수대가 그대로 있고,

당시 원주민을 학살하는 장면을 그린 그림도 있었다.
그들은 수도복을 입은 악마였다.
그런 악마의 후손들이 지금도 설치고 있다.

자기 과시형
종교인

이들은 하느님의 이름보다 자기 이름을 내세우고 싶어 한다.
다른 사람에게 비난받으면 분노, 창피, 모욕감을 심하게 느낀다.
자기 목적을 위해 다른 사람을 이용하고, 자기 행복을 위해
남을 노예로 삼는다.
스스로를 대단한 존재로 생각하고, 타인의 소유를 빼앗아
자기 것으로 만들고 싶어 한다.
무엇이든 자기 생각대로 될 거라 믿고 막무가내로 떼를 쓴다.
그러면서도 엄정한 현실에서 도피하고, 자기 문제를 스스로
해결하려 하지 않는다.

무능력한데도 보통 사람은 자신을 이해하지 못한다고 생각한다.
그래서 소통이 안 된다. 최고의 성공, 이상적 사랑에 집착한다.
주변 형편은 생각지 않고 자신의 욕구를 충족하는 것만 추구한다.
다른 사람의 관심을 끌려고 애쓰며, 질투와 욕심이 많다.
성인으로서 본격적 인생이 시작되면 그때부터 삶을 좌우하는 것은
도덕이다. 자기 과시형 종교인은 도덕심이 전무하다.

그들은 세상의 욕구에 따라 산다.

종교를 자기 사업체로 사적 이익을 취하는 조직으로 여기고,
스스로의 입지를 구축하기 위해 수단과 방법을 가리지 않는다.
아무거나 먹어치우는 아귀 떼와 다름없다.
문제는 이들로부터 뒷돈을 받아 챙기는 정치인의 비호 아래
해체되기는커녕 교세를 점점 더 확장하고 있다는 것이다.

이들에게 가장 껄끄러운 존재는 수도자들이다.
수도자는 한 사회의 백혈구 같은 존재다.
수도자가 가난, 순명, 정결 서원을 하는 것은 백혈구가
되겠다는 서약이다.
서원은 인간의 본능을 거스르는 삶을 의미한다.
돈을 벌어서 행복하게 살고 싶은 욕구를 거스르는 가난 서원,
자유롭게 마음대로 살고 싶은 욕구를 거스르는 순명 서원,
한 가족을 부양하지 않고 모든 이를 위해 살겠다는 정결 서원.

그래서 수도자의 삶을 강을 거꾸로 거슬러 올라가는
연어의 삶에 비유하기도 한다.
이런 수도자들은 작은 촛불과 같고 사이비 종교인들은
거대한 어둠이지만, 결국 어둠은 작은 빛을 이기지 못한다.

양의 탈을 쓴 늑대

성령이 하시는 일과는 전혀 다르게 야릇한 '도덕'으로 무장하고,
사람을 정신적 노예로 만드는 자들이 있다.
도덕적 차원의 사디즘, 즉 '도덕 정신병Moral Psycho'에 걸린 자들이다.
이런 인격 파탄자는 자신이 타인에게 가한 위해,
또는 파렴치한 행위에 대해 죄의식이나 자책감은커녕
오히려 쾌감과 만족을 느낀다.
양심이나 도덕성이 끼어들 여지가 없을 정도로
초자아 기능이 마비되었기 때문이다.
이들을 '양의 탈을 쓴 늑대'라고 부르는 이유다.

정신분석학자 에리히 프롬은 인간 공격성의 유형을 양성과
악성으로 구분하고, 특히 잔인성과 파괴성에서 극도의 가학적
성향을 보이는 경우를 '네크로필리아Necrophilia'로 명명하며,
단적인 예로 히틀러를 꼽았다.
히틀러는 지독한 나르시시스트로서 자신의 이기적 목적을 위해
비정할 정도로 타인을 학대했으며, 악의 실체를 교활한 논리로
포장해 그에 대한 경계심을 느슨하게 만들었다.

5 병든 믿음에서 자유로워지기

옳고 그름을 판단하고 자신의 윤리적 신념에 따라 자신뿐 아니라
남에게도 부끄럽지 않은 행동을 하는 능력,
다른 사람의 고통에 공감하고 배려하는 능력,
자신의 감정을 조절하고 욕구 충족을 다음으로 미룰 줄 아는 능력,
나와 다른 생각을 받아들이고 이해하는 능력,
존중심을 가지고 다른 사람을 대하는 능력.
이러한 도덕 지능 Moral Intelligence이 결여되었다면
도덕적 정신병에 걸린 것이다.

사이비 종교인은 가학성애자나 다름없다.
추종자가 몸의 통증을 호소하며 병원에 가야겠다고 하면
"기도가 부족하다" "믿음이 부족하다"며 허락하지 않는다.
심지어 가족 관계까지도 차단할 것을 요구한다.
고통스러워하는 그들을 보며 가학적 희열감을 느낀다.

이렇게 양의 탈을 쓴 늑대들은 한결같이 부패한 권력자들과
결탁하여 그 세력을 확장해 나간다.
소위 정종유착, 후진국일수록 이런 현상이 더욱 심각하다.

병적인
소명 의식

'나는 무엇을 해야 하는가? 어떤 사람이 되어야 하는가?'
이런 생각을 '소명 의식'이라고 한다.
그러나 모든 소명 의식이 다 좋은 것은 아니다. 병적인 것도 있다.
병적인 이상을 가진 사람은 최고의 이상을 설정해놓고
그것을 달성하기 위해 죽어라 달려가는데,
그 결과는 비현실적이고 자기 자신을 왜곡하기 일쑤다.

그런데도 이들은 자신이 설정한 목표를 놀라울 정도의 집념과
확신을 가지고 몰아붙인다.
변두리 인생을 살고 싶지 않다는 강박관념과 잊히는 것에 대한
본능적 두려움 때문에 그런 삶을 산다.
이들에게 선악의 기준은 자기 자신이다.
자신을 지지하면 선善이고, 반대하면 악惡이라고 생각한다.

이런 나르시시즘은 대인 관계 자체를 중시하지 않는다.
자신과 자신의 욕구만 중요하기 때문이다.
이들에게는 자기 자신을 제외하고 모든 것이 '소품'이다.
철저하게 자기중심적 가치관으로 세상을 바라보며, 우주의 중심은

자기라고 여기는 인격적 미성숙자다.

이들은 자기 마음에 귀 기울이기보다 영웅의 인생을 흉내 내는
모방꾼의 삶을 산다.
종교인 중에 가끔 선민의식을 가진 사람을 보곤 한다.
이들은 다른 사람보다 긴 기도 시간, 검소한 외양, 거룩한 풍모를
보이려 애쓰는데, 왠지 벽이 느껴지고 괜스레 무시당하는
기분이 든다. 이들은 스스로 종교 귀족이라 여긴다.

이처럼 종교적 귀족을 자처하는 사람은 대중과 거리를 두면서
늘 최고의 이상을 추구하라고 요구한다.
그런데 그 속내는 실상 "나처럼 살아봐"라고 속삭인다.
이런 사람은 대개 그릇이 작고,
스스로를 높은 자리에 올리려고 발버둥 친다.
그럼에도 자신을 고행자니, 수행자니 하며 미화美化한다.
온갖 요설을 부리지만 그들은 한낱 종교 망상론자,
영적 허풍쟁이에 불과하다.

도덕적 우위를
점하려는
종교인

술·담배 끊고 기도 시간을 늘리는 등 사소한 것으로 자기 위상을
높이려는 종교인이 있다. 얼핏 보면 믿음이 깊어 보이는 사람들.
그러나 이들은 보통 열등감이 매우 강하다.
그 열등감의 기원이 어떤 것이든 그 결과로 생긴 지나친 야심은
종교적·도덕적 형태를 취한다. 자아가 타인을 이기려는 싸움터로
도덕적 영역을 선택한다. 이들의 특징은 자아 우월이다.

'자아 우월Ego Supremacy'이라는 심리학 용어는 도덕적으로
모든 사람 위에 서려는 욕구를 말한다.
이들은 자기가 모든 사람 위에 있지 않을 때 비참함을 느낀다.
도덕적으로 사소한 걸 강조하는 것은 이와 같은 이유에서다.
그런 점을 부각함으로써 자기를 타인보다 높이 끌어올린다.
자신이 얼마나 훌륭한지, 얼마나 거룩한지 과시하는 것이다.

알프레드 아들러는 야심이 종교적 문제에 얼마나 개입하기 쉬운지,
허영심이 사람을 어떻게 미덕과 악덕, 순수성과 부패,
선과 악의 심판자로 만드는지 경고한 바 있다.
신앙심이 강한 사람의 열등감은 지나친 야심으로 변질되고,

타인을 도덕적으로 판단하게끔 만든다는 것이다.
자아 우월감이 도덕 영역에 있으므로 타인을 도덕적으로
경시하는 게 자기 자신을 높이는 것이기 때문이다.
그래서 이들은 영적 행위를 연출할 뿐만 아니라, 그런 잣대로
다른 사람을 판단하고 무시한다.
그리고 영적 잔소리가 심하다. 왜 기도를 안 하느냐,
단식은 왜 안 하느냐, 왜 죄를 짓고 사느냐 등 잔소리를 퍼붓는다.

영적으로 성숙한 사람과 이런 '진상' 종교인의 겉모습은 비슷하다.
하지만 몸에서 나는 냄새부터 다르다.
영적으로 성숙한 사람에게서는 향내가 나는데,
이들에게서는 썩은 내가 난다. 포장이 아무리 그럴듯해도
썩은 내용물의 냄새는 감출 수가 없기 때문이다.

대개 이런 자들은 인색하다는 것이 또 하나의 공통점이다.
자기 돈 한 푼도 쓰지 않으면서 늘 대접받길 원하고
상석에 앉으려고 기를 쓴다. 종교계의 애물단지들이다.

도덕적 자학자

겉으로 보기에 아주 열심인 신앙인 같은데 내면은
행복감 없이 피폐한 사람, 겉으로는 성인처럼 보여도
뭔가 석연찮은 느낌을 주는 사람을 보통
'도덕적 자학자Moral Masochist'라고 일컫는다.

이들은 지나치게 양심적이며 자기 성공을 못 견뎌 한다.
자존감과 자신감이 없고, 모든 면에서 스스로를 책망한다.
도덕적 자학자는 불행을 좋아한다.
그래야 처벌을 피하고 자존심이 손상되는 걸 막을 수 있기 때문이다.
마치 큰 잘못을 한 아이가 작은 잘못을 저지름으로써
그 큰 죄에 대한 벌을 피하려는 심리와 같다.

자학적 신앙인은 남들이 자기를 멸시하도록 만들어놓고
괴로워하는 반면, 그것을 즐기기도 한다.
상대방이 자신을 처벌하고 모욕하게끔 만드는
자신의 힘을 즐기는 것이다.
자아가 허약한 이런 사람은 자기 문제를 보지 못하고,
이런저런 방어기제로 자아를 둘러싸려 한다.

이것을 '성격 갑옷Character Armor'이라고 하는데
이 갑옷은 천근만근 무겁다.

나는 종교에 입문하면서 각종 성인전聖人傳을 탐독했다.
성인들의 삶을 신자한테 권장하던 시절이었다.
그런데 도저히 납득할 수 없는 성인들이 있었다.
그들은 사람들이 자기를 홀대하고 멸시하는 걸 기뻐했다.
주님이 그랬듯 자신도 그러는 게 마땅하다면서 말이다.
나도 멋모르고 그들을 따라 살려고 했다.

한참이 지난 후에야 그런 삶이 정상이 아님을 깨달았다.
사람들로부터 학대받는 것도 모자라 스스로를 학대하는 것은
결코 정상인의 모습이 아니다. 그런데도 여전히 이런 사람들이
신앙인의 표상인 양 존경의 대상이 되곤 한다.
본인은 다른 사람들을 속일 생각이 없기에 종교 사기꾼이라고
부르기에는 애매한 사람들. 버리자니 그렇고 그냥 두자니
신경 쓰이는 종교계의 골칫덩어리들이다.

율법주의적 종교인

율법에 집착해서 모두 지켜야 한다고 주장하는 종교인들이 있다.
이들은 정작 그 율법이 왜 생겼는지에 대해서는 전혀 관심이 없다.
마치 법조인처럼 율법을 달달 외우며 사람들에게 강요하고,
스스로 율법을 지키는 사람이라는 자아도취에 빠져 산다.
주님에게 대적하던 바리사이파와 유사한 무리다.

이들은 자기 신념에 집착해서 외적으로 강건해 보이지만,
실제 내면은 불안정하기 이를 데 없다.
변화를 싫어하고, 지금의 상태가 지속적으로 이어지길 갈망한다.
이들의 정신적 문제는 완전 강박증이다.
자기가 버림받을지도 모른다는 불안을 바탕에 깔고 있다.
그렇게 외적 기준에 자신을 강박적으로 맞추다 보면
자유를 누리는 기쁨을 모른 채 살아가게 된다.

이것은 교조주의가 발달한 경직 사회에서 나타나는 콤플렉스인데,
이는 스스로를 속박하는 족쇄가 된다.
신앙인은 자신이 세운 원칙을 따르더라도 인간으로서의
기본 욕구를 충분히 고려해야 한다.

정서적·창의적 욕구를 추구하도록 돕는 융통성 있는 인생관이
건강한 것인데, 이들은 우물물이 썩어 들어가도 그 안에서
나오려고 하지 않는다.

또한 우물 안 개구리는 신자들이 밖으로 나가는 것도
절대로 허용하지 않는다.
이 안의 삶이 얼마나 행복한지를 강조하며 자족하라고 가르친다.
이런 삶은 역진화 또는 퇴행하며 사람을 광신도로 만들기도 한다.
인간의 영혼은 활동 영역이 넓은 만큼 건강해진다.
활동 영역이 좁아질수록 생각의 폭도 협소해지고 잔인해진다.
율법의 잣대가 촘촘하고 날카로워진다는 애기다.
그래서 모든 것을 법대로 하자는 종교인들은
사람들을 질식시켜 죽게 만드는 종교 살인범들이다.

선민
콤플렉스

자신이 하느님께 특별히 선택된 사람이라는
자의식에 빠진 종교인이 있다.
이들은 거드름을 피우며 자신이 영적으로 높은 단계에
이른 것처럼 행동하고, 사람들을 가르치려 하며,
자신은 기도를 통해 모든 걸 깨우친 양 행동한다.
얼핏 영적 존재처럼 보이는 이들은 개인의 이득을 위해 영적 개념을
사유화하는 영적 물질주의에 경도된 사람에 지나지 않는다.

이들은 자신의 병적인 시각으로 하느님과 이웃을 왜곡한다.
하느님은 오로지 자기를 돌보기 위해 존재하신다고 말하고,
자신이 요구한 기도를 하느님이 정확히 들어주신다고 자랑한다.
그런데 자신의 기도가 응답받지 못하면 심하게 상처받고,
거부당한 느낌에 사로잡힌다.
하느님이 자신을 실망시켰다고 생각해 하느님을 거부하기도 한다.

이런 성향 때문에 자신을 신비 체험으로 이끄는 학문을 갈구한다.
진실한 신비 상태에 있기보다는 자만에 빠져 나타나는
거짓된 자기도취적 경조輕躁, Hypomanic 상태에 머문다.

이들 중 대다수는 조현성 성격장애Schizotypal Personality Disorder자다.

조현성 성격장애는 고립, 특이한 생각과 행동,
관습이나 전통에 맞지 않는 신념 체계다.
이들은 독특한 사고를 하거나 기이한 행동을 일삼는다.
자기 믿음을 과시하는 퍼포먼스가 요란하다.
사이비 교주 대부분이 이러한데,
기성 종교에서도 이런 사람들이 꽤 많이 보인다.
종교적 어릿광대들인데 의외로 추종자들도 많다.

죄책감을
무기로 삼는
종교 독재자

건강한 감정과 책임감이 있는 사람에게 죄책감은 필수 요소다.
죄책감은 개인적·사회적 규범에 어긋나는 행동을 했을 때
마음이 불편해지고, 자신을 책망하게 되는 양심의 표현 수단이자,
도덕 나침반이 지속적으로 작동하도록 도와주는 기능을 한다.
사회가 건강하게 유지되려면 죄책감이 없어서는 안 되는 것이다.

그러나 다른 감정과 마찬가지로 죄책감도 지나치면
문제가 발생한다. 심한 죄책감은 우리의 지각 체계를 마비시킨다.
과도한 죄의식에 휩싸이고, 우울증을 불러오기도 한다.
용서를 구하고 자기 행동을 변화시켰는데도, 여전히 자기 자신이
완전한 실패작이라 믿고 지속적으로 자기 자신을 비난한다.

우리는 대개 같은 잘못, 같은 죄를 지으면서 살아간다.
아무리 굳은 결심을 하더라도 사람의 본질 자체에
부족함이 있어서인데, 그것을 받아들이지 못하고 자기 자신을
비하하고 심지어 학대까지 한다. 왜 이런 현상이 생기는 것일까?
자아상은 '되고자 하는 나Ideal Self'와 '지금의 나Real Self'로
구성되는데 지금의 나가 이상적인 나, 자기 기대 기준에

미치지 못한다고 결론지으면 스스로를 괴롭힌다.
그래서 자기 파괴적 결과를 초래해 평생을 괴롭게 사는 것이다.

그런데 왜 종교 독재자는 죄책감을 강조하는 것일까?
그래야 사람들을 통제하기 쉽기 때문이다.
죄책감이 심한 사람은 자기가 어떤 일을 당해도 싸다고 여긴다.
못난 자신만 보일 뿐 다른 것은 염두에 두지 않기에 그런 것이다.
그래서 종교 독재자는 자신이 면죄부를 줄 수 있는 사람인 양
교만하게 행동하면서 지배력을 키우는 것이다.

정치 독재자는 국가적 혼란을 막기 위해 자기 같은 사람이
필요하다고 역설한다.
이와 유사하게 종교 독재자는 신자들이 죄악의 덩어리라고 하면서
거룩한 삶을 사는 자기의 통제를 받아야 구원을 얻는다고 주장한다.
문제는 정치 독재자는 국민이 항거해 쫓아낼 수 있지만,
종교 독재자에 대해서는 비판조차 하지 못한다.
그래서 정치 독재자들보다 종교 독재자들이 더 사악하다고
하는 것이다.

연극성 종교인

TV에 나오는 종교인 중 마치 연극배우처럼 행동하면서
신앙적 명제를 강조 내지 강요하는 사람들,
특히 믿음을 지나치게 강조하는 사람들이 있다.
"하느님이 계시다는 것을 믿습니까? 믿음을 가지십시오."
이러면서 마치 자신은 하느님의 현존을 굳세게 믿는 양 한다.
이들은 말끝마다 믿음이란 말을 되뇐다.
이들이 이렇게 믿음에 집착하는 이유는 그 믿음을
자기 소유로 여기기 때문이다. 그래서 자기는 다른 사람들보다
더 크고 많은 믿음을 가진 양 허풍을 떠는 것이다.
하지만 이들의 믿음은 대부분 허구적인 것에 지나지 않는다.

이들은 대부분 연극성 인격장애Histrionic Personality Disorder자다.
연극성 인격장애의 주요한 특징은 주목받고 싶은 강한 욕구다.
그래서 자신이 종교계의 아이돌이 된 것처럼 행동한다.
이들은 언뜻 쾌활하고 극적이며 정열적이지만, 정서 표현이
피상적이고 그 근거나 세부 내용이 모호하며 부족한 경우가 많다.
깊이 있는 신앙적 사색이나 고뇌를 하지 않고, 드라마 대본 보듯이
연기 연습만 해서 그런 것이다.

5 병든 믿음에서 자유로워지기

이들은 대중으로부터 칭송받고 관심의 대상이 되기를 원한다.
이처럼 사회적으로 인정받고자 하는 욕구는 강하지만,
그걸 실현하기 위한 노력은 하지 않고, 목표를 이미 이룬 것처럼
거짓된 모습을 취해 스스로를 철저히 가장한다.

이들이 지닌 문제 중 하나가 리플리 증후군Ripley Syndrome이다.
리플리 증후군의 특징은 현실을 부정하면서 마음속으로 꿈꾸는
허구 세계를 진실이라 믿고, 거짓된 말과 행동을 반복하는 것이다.
그래서 이들은 현실과 비현실을 구분하지 못한 채 살아간다.

자신이 독일 신학자 디트리히 본회퍼인 양 행세하는
개신교의 모 목사가 전형적 사례다.
이들은 한마디로 종교 사기꾼이다. 목적은 돈뿐이다.
그래서 이들을 일컬어 '영적 물질주의자'라고 부르는 것이다.
갈수록 이런 자들의 숫자가 늘어가는 것은 별다른 자본 없이
거짓말로 돈을 벌 수 있는 유일한 수단이기 때문이다.

희생자
콤플렉스

세상을 숙제하듯 사는 사람, 자신이 아니면 안 되는 것처럼 세상의
모든 짐을 혼자 지고 가는 사람, 다른 사람의 기쁨은 자신의
기쁨이지만 자기 생각이나 느낌은 중요하지 않다고 하는 사람,
"하느님만 바라보고 세상에 대한 미련은 버려"라고 말하는 사람.

이들은 대부분 외적 신앙생활을 열심히 한다.
이들은 수도자와 비슷한 옷을 입고 다니지만 실상 병든 사람이다.
이들은 히스테리성 신경증을 앓고 있다.
우리의 자아는 태어날 때부터 지니고 나온 장기,
즉 우월 기능 Superior Function을 발전시키고
단점, 즉 열등 기능 Inferior Function을 돌보지 않으려는 경향이 있다.
마치 부모가 공부 잘하는 자식만 예뻐하는 것처럼
자신의 어느 한 부분에만 집착함으로써 이와 상반되는 부분을
무의식적으로 억압하는 것이다.

그런데 그 정도가 지나치면 자아의식의 여러 기능이 혼란을 일으켜
노이로제나 신체적·정신적 증상이 발생한다.
이것을 히스테리성 신경증이라고 한다.

이런 사람은 주위 환경의 시선을 끌고, 남에게 자신을 과시하며
극적 효과를 노리거나, 다른 사람과의 지나친 공명共鳴을 시도하거나,
다른 이들에게 무조건 순응하려 한다.
이렇게 지나친 극적 효과를 노리는 삶은 심한 유아적
자기중심주의이고, 독선에 지나지 않는다.

이들은 언젠가 남들이 자신의 희생을 알아줄 거라 믿으며
힘든 일도 마다하지 않는다. 하지만 이들의 속내는 다르다.
희생함으로써 남들보다 도덕적 우위에 서고, 남들이 자신을
필요하게 만들어서 자신이 중요하다는 것을 느끼려 한다.
무의식중에 희생을 대가로 애정을 갈구하고
상대보다 도덕적으로 우월하다는 것을 증명하고 싶어 하며,
이로써 상대방을 꼼짝 못 하게 한다.

그런데 이상하게도 이런 사람은 노력한 만큼
인정과 대우를 받지 못한다.
그 속내가 상대에게 고스란히 전해지기 때문이다.
즉, 이런 희생자 콤플렉스를 가진 사람에게서는 향내가 나지 않고,
구토를 일으키는 쉰내가 진동하기에 사람들이
가까이 하지 않는 것이다.

순교 콤플렉스

어느 종교건 순교 정신을 강조한다.
순교자야말로 신앙의 최상급자로서 절대적 구원을 받는다고 말한다.
그리고 이들에 대한 깊은 존경심을 가지고 순례를 한다.

그러나 순교 정신 역시 지나치면 문제가 발생한다.
자아에 대해 불안감을 경험한 사람은 순교 정신을 실현하고자
노력함으로써 보상을 받으려는 경향이 있는데,
그 목표 달성에 실패할 때마다 자기 증오를 느끼며,
다시 노이로제적 목표로 돌아가는 악순환을 반복한다.

그들은 왜 실패할까?
죽음을 각오하고 종교적 신념을 수행하는 것은 단순한 각오,
충동적 생각만으로 되는 일이 아니기 때문이다.
부단히 혹독한 정신 훈련을 해야만 달성할 수 있는 것인데,
허약한 자아로 수행하려니 실패할 수밖에 없는 것이다.
그렇다면 신앙의 이름으로 죽음을 강요하는 이들은 어떤
사람인가? 한마디로 지나치게 신앙과 죽음을 연관시키는 자들은
정신적 균형이 깨진 광신도다.

5 병든 믿음에서 자유로워지기

미국의 정신분석가 카렌 호나이는 이들에 대해 이렇게 말했다.
"지나친 순교 정신은 완벽주의적 사디즘이자 망상적 허세다."
일종의 자기 증오가 불가능한 목표를 향해 나아가도록
스스로를 몰아가는 원동력이 병적인 순교 정신이란 것이다.

수많은 청년에게 순교 정신을 강조하고 사지로 몰아붙인 자들은
대개 과대망상자이거나, 멍청한 독재자였다는 사실을 역사가
입증한다. 또한 자기 종교에 대한 믿음만으로
신앙을 지키다가 죽은 사람은 그 종교 안에서는 순교자이지만,
외부인이 볼 때는 광신도에 지나지 않는다.
반면, 자기 종교의 신념을 실천하다 죽은 사람은
진정한 순교자로 교회 안팎에서 인정받는다.

한국 가톨릭 교회사를 보면 백정 출신의 순교자 이야기가 나온다.
사회에서 천대받던 그는 천주교회에 입문한 후
사형장에 끌려가며 이렇게 말했다 한다.
"나는 살아서 천당에서 살았고,
죽어서도 천당에 갈 것이니 더 이상 여한이 없다."
만민평등론을 실천한 당시 신자들이 그의 마음을
행복하게 해준 것인데, 목숨 걸고 그런 일을 한 익명의
신자들이야말로 진정한 순교자인 것이다.

아프가니스탄에 들어가 몰래 선교하다 사형당한

개신교 선교사를 순교자라고 떠받드는 이들이 있다지만,
진정한 순교자는 자기 종교를 위해서가 아니라
인류애를 실천하다 죽은 사람이다.

신비 체험을
강조하는 종교인

영성심리에서는 신앙 체험을 '신비한 통합 체험'이라고 한다.
초월적 존재와 하나가 되는 강력한 경험이다.
이는 인간 자아가 자신의 가장 깊은 영역에 돌입했음을 의미하며,
이런 체험을 한 사람은 자기 인생을 어떻게 살아야 할지
확실한 비전을 갖게 된다.

만약 신앙을 신학적 논리로만 이해하려 한다면 자칫
황당무계한 논리에 빠져들 수 있다.
초월적 존재, 신비적 삶을 이성적 언어로 설명하는 데에는
한계가 있으므로 궤변으로 일관할 수 있기 때문이다.
오래전 신학자들이 소모적인 논쟁 끝에 서로에 대한 적대감을
불러일으키고, 상대를 이단으로 몰아붙인 역사적 사실이
그런 부작용의 사례다.

그런데 이런 신비한 통합 체험을 하려면 어떻게 해야 할까?
영성신학자 토머스 머턴 수사는 이렇게 말한다.
"사람이 물적 존재가 아니라 영적 존재임을, 독립적이고 개별적인
존재가 아니라 전적으로 신에게 속한 존재임을 알고, 심층적 고독

속에서 머무는 시간을 가질 때 신과의 합일을 이룰 수 있다."
즉, 홀로 기도하는 시간을 갖는 사람이라야 어느 때가 되었을 때
신비한 통합 체험을 한다는 것이다.
이런 체험을 하고 나면 같은 세상을 살면서도 일반적인 사람과 달리
하느님의 영광만 생각하는 영적 존재로서 삶에 매진하게 된다.

그러나 이런 삶도 조심해야 할 것이 있다.

첫째, 그 같은 체험이 자신을 완전히 바꾸어주는 것은 아니라는
사실을 유념해야 한다.
가끔 자신이 그런 체험을 통해 완전히 다른 인격체가 된 것으로
착각하는 사람이 있다. 그래서 여타 사람들과 다르게 보이려 하고,
심지어 추종자를 거느리기도 한다. 자아 팽창 현상이 자기 착각을
일으켜 자신을 신적 존재로 여기게 만들어서 생기는 부작용인데
결국에는 교회로부터 떨어져 나가 독립적 종파를 형성한다.
신적 체험을 사적 이익을 얻기 위한 수단으로 삼는
종교 장사꾼이 되는 것이다.

둘째, 알코올중독자가 술에 취한 동안에만 살맛이 나서
술을 끊지 못하듯 모든 일상사가 다 부질없다는 생각에 그런
체험을 할 수 있는 자리만 찾아 헤매는 중독자가 될 위험이 있다.
가정과 직장을 버리고 사교 집단에 들어가는 사람이
바로 그런 경우다.

신앙생활이 가정과 사회로부터 멀어져 오로지 영적 세계 안에서만 사는 것이라고 말하는 자가 있다면, 그는 종교 사기꾼이다.
이들은 무관심의 영역으로 퇴행해 들어간다.
그들의 주된 갈망은 고통을 피하는 것이며, 그 고통을 피하기 위해 삶의 기쁨 역시 포기한다.
그래서 세상에 살면서도 육체적 실재와 동떨어진 생활을 한다.
이들은 수행자가 아니라, 종교적 은둔형 외톨이에 지나지 않는다.
가까이 해서는 안 되는 환자들에 불과하다.

지나치게
기도에 매달리는
종교인

매사에 기도를 강조하고, 무슨 일이 생기면
바로 기도하는 사람이 있다.
얼핏 보면 믿음이 깊어 보일 수 있지만 실상은 그렇지 않다.
이들은 기도로 힘을 얻고 문제를 직시하는 것이 아니라,
기도 속으로 도피한다.
이렇게 하면 기도는 유아기적 생존 기제로 변질된다.

이들은 대체로 자존감이 낮다.
그래서 작은 위험에 노출되었을 뿐이건만 화들짝 놀라
기도 속으로 숨는 것이다.
이들은 자신의 이미지에 과도하게 신경을 쓰면서,
아등바등하며 비밀스러운 자기 강박에 사로잡혀 산다.
흔히 자기 자신을 희생자 혹은 핍박받는 자라고 여기면서
자기야말로 진정한 신의 자식이라는 자기도취에 빠져 산다.

이들은 취약해진 자아로 인해 온갖 과오를 저지른다.
자존감을 고양하기 위해 공격적 태도를 취하거나,
자존감을 보호하기 위해 방어적 태도를 보이기도 한다.

일상의 삶도 자학적이다.
자신의 가치 있는 면을 보지 못하며, 자신의 소소한 결함을
너그럽게 넘기지 못한다.

이들은 말씀에 매달리고 자신에게 덜 집착하는 것이
진정한 자기 부인이고, 희생이라고 주장한다.
자기 내면에서 일어나는 일은 알 필요도, 물을 필요도 없다고 여긴다.
이들은 자기 종교 테두리 안에서는 활개를 치지만,
그 밖으로 한 발만 내디디면 얼어붙는 무능력자에 지나지 않는다.

이런 사람을 보면 시골 동네 똥개가 생각난다.
낯선 사람이 나타나면 으르렁거리지만 자기보다 강한 녀석이
나타나면 꼬리를 감추고 어쩔 줄 몰라 하는 똥개.
지나치게 기도에 매달리는 종교인은 개장 안에서 말도 안 되는
소리를 지껄이는 똥개나 다름없다.

구마기도를 맹신하는 종교인

"마귀가 보인다. 어두운 기운이 보인다" 하며 자칭 구마 능력자라고 말하는 사람이 있다. 물론 초자연적 현상은 존재한다.
그러나 영적으로 지나치게 기울어질 경우 발생하는 정신적 문제가 적지 않다. 가장 심각한 것은 종교적 망상이다.

종교적 망상은 주관적 경험과 행동 모두에서 정신과적 증상에 부합한다. 일상생활의 다른 부분에서도 환각, 기분장애, 사고장애 등 정신 질환 증상을 보인다.
그래서 마귀가 보인다는 등의 헛소리를 해대는 것이다.

구마기도를 맹신하는 자는 광신주의자일 가능성이 높다.
광신주의자는 항상 두 대극적 상황에서 한쪽을 희생시키고, 다른 한쪽만 수용하려 한다.
광신주의에서 표출된 엄청난 에너지가 반쪽의 진실에 접근하지 못하도록 하는 것이다.

이들도 타인이 뭐라고 말하는지 듣고 싶을지 모른다.
그러나 힘의 균형이 변할까 봐 두려워 귀를 막고 눈을 감는다.

자신의 관점을 포기한다면 자기 자신을 완전히
잃게 될 게 분명하다고 판단해 편향적 방어 자세를 취하는 것이다.
이들을 일컬어 종교적 조현병자라고도 한다.

그렇다면 왜 종교적 조현병이 생기는 걸까?
심리적 면역 체계가 약할 때 이런 증세가 나타난다.
우리 몸이 건강할 때는 망상에 휘둘리지 않는다.
군인은 한밤중에 무덤 근처에서도 단잠을 잔다.
몸이 강건하면 귀신 따위의 망상을 두려워하지 않기 때문이다.

그러나 몸이 약해지면 헛것이 보이기 시작하고,
두려움이 사람의 모든 감각기관을 지배한다.
그래서 망상적 신앙관을 갖게 되는 것이다. 망상은 허약한 사람의
심리적 특성이므로 이들이 내뱉는 말에 현혹되어서는 안 된다.
상담가 중에는 심리 치료와 구마기도가 마치 상극인 것처럼
말하는 사람도 있다. 이들은 사람의 정신계만 인정하고
영혼의 존재는 부인하거나 무시한다.

심리 치료는 구마 행위와 밀접한 관계가 있다.
마음의 상처가 너무 깊거나 병적인 콤플렉스가 클 경우
마치 독버섯처럼 악이 서식하기 시작하는데,
심리 치료는 사람의 마음에 악이 서식할 자리를 없애는 작업이다.
상처를 치유하고 콤플렉스를 깨뜨려 악이 사람의 약한 자아를

포획하지 못하도록 하는 구마기도와 유사하다. 그래서 구마기도는 심리 치료와 병행해야 한다. 한쪽만 하는 것은 언제든 영혼을 병들게 하고, 악을 불러들일 위험이 있다.

가학성 종교인

"내가 널 사랑해서 이러는 거야."
이렇게 사랑 운운하면서 남에게 상처를 주는 것은 상대방을
동등한 존재로 보지 않는 데서 비롯된 행위다.
사람의 잔인한 본성은 개를 대할 때 잘 나타나는데,
이런 사람은 개를 학대하면서 먹이를 주는 이중성을 보인다.
그러면서 가학적인 만족감, 병적 우월감을 느낀다.

그런데 이런 모습을 종종 종교인에게서도 볼 수 있다.
'하느님의 뜻' '영성' 운운하면서 심리적 학대를 하고,
괴로워하는 신자들을 보면서 쾌감 욕구를 충족시키는 괴물들.
이들은 신자들을 자기 먹잇감으로만 여긴다.

가학성 종교인들은 대부분 경계선 성격장애Borderline Personality Disorder자다. 경계선 성격장애의 주요 특징은 불안정한 정서인데,
타인이 자신을 어떻게 대하는가에 매우 민감하다.
친절에는 극도로 기뻐하고 감사하다가, 비난이나 상처를 주는
언행에는 극도로 슬퍼하고 화를 낸다.
특히 부정적 감정을 굉장히 강렬하게 느낀다.

거절당하거나 소외되었다고 느낄 경우에는 합리적으로 대처하기보다
자해를 시도하는 등 극단적 행동을 한다.
호감을 느끼던 사람을 갑자기 혐오하는 등 감정 변화도
급격하게 나타난다.
대인 관계에서 상대를 이상화하고 평가절하하기를 반복한다.
정상적 관계 형성이 어려워 결국에는
가족, 친구, 직장 동료와의 관계를 쉽게 망친다.
또 불안정한 자아상과 정서로 인해 약물 오남용, 식이장애,
위험한 성행위나 난폭 운전 등 과격하고 충동적 행동이 나타난다.
한마디로 변덕스럽기 이를 데 없다.

또한 자기애성 성격장애Narcissistic Personality Disorder자이기도 하다.
자기애성 성격장애의 주요 특징은
자아도취적이고 자기중심적이며, 과도한 존중을 요구하고
공감 능력이 부족하다.
그래서 자기를 따르는 신자들을 사람이 아닌
개돼지 취급하는 것이다.

꽤 오래전 TV에서 피지의 어떤 개신교 여성 목사 이야기를
방송한 적이 있다.
신자들을 갈취하고 폭행하는 목사였는데
얼마나 심한 가스라이팅을 당했는지
신도들은 자기를 버리지 말아달라고 애걸복걸했다.

근래 우리나라 사이비 교주들의 행각도 이와 유사하다.
이런 종교인은 현대판 노예 상인이나 다름없다.

상담실에서 만난 삶의 목소리

상담실은 그 어떤 소설보다 더 극적이고,
그 어떤 드라마보다 더 솔직한 삶의 목소리들을 만나는 공간이다.
이유 없이 불안하고, 싫다고 말하지 못하며,
늘 타인에게 피해의식을 느끼는 이들.
때론 '바보처럼' 행동하는 자신을 한탄하고,
'내 인생만 왜 이렇게 꼬이는 걸까' 절망하는 이들.
이 글은 내가 상담실에서 만난 이들의 솔직한 고백을 담았다.
그들의 이야기에서 나와 비슷한 아픔을 마주하며,
고통은 나 혼자만의 몫이 아님을 깨닫고
깊은 위로와 공감을 얻게 될 것이다.

무엇을 해도
늘 불안합니다

"기도를 하든 무엇을 하든 마음에 한 줌 불안 덩어리가 있어
집중이 안 되고 정신이 산만합니다."

우리는 왜 불안을 불쾌하게 여기는 걸까?
불안이 때로는 은근하게, 때로는 격정적으로 마음을 흔들어서,
일상생활을 유지하지 못하게 하기 때문이다.
게다가 몸에도 영향을 준다.
불안의 어원 Angere는 '목을 조르다'라는 뜻인데,
그래서 불안하면 질식감 비슷한 것을 느낀다.

그러나 불안은 나를 행동하게 하는 큰 동력이다.
따라서 불안이 찾아오더라도 무작정 내몰려고 해서는 안 된다.
예컨대 시험이 코앞에 닥치면 벼락치기 공부라도 하게 해주듯이
인생길에서 만난 역경에 맞설 수 있는 대응 체제를 만들어준다.
그런 의미에서 불안은 불청객이 아니라, 신이 주신 일종의
은총이기도 하다.

심리학자 프로이트는 정상적인 사람이라면

누구나 약간의 불편한 감정을 갖고 산다고 했다.
문제는 불안이 지나치게 많아서 압도당할 때 발생한다.
무거운 짐을 진 사람처럼 망연자실해서 아무것도 할 수 없다.
그럴 때는 불안을 덜기 위한 방법을 찾아야 한다.
가장 좋은 것은 몸을 움직이는 것이다. 왜 움직이는 것이 좋을까?
불안은 뿌리가 없고 그저 먼지에 지나지 않아서
가만히 있으면 쌓이지만, 움직이면 떨어져 나가기 때문이다.

앞이 보이지 않을 정도로 불안했던 시절, 나는 '하느님께서
다 해결해주시겠지' 하는 막연한 믿음으로 기도했지만,
즉각 문제가 해결되는 경우는 거의 없었다.
불안감이 커지면서 나의 믿음에 대한 질책이 심해졌다.
"네 믿음이 약해서, 네가 잘못 살아서 기도를 안 들어주신다."
이렇게 윽박지르는 내면의 목소리가 난무했다.

소심하기 이를 데 없던 나는 천덕꾸러기처럼 불안과 질책이
두들기는 대로 맞으며 살았다.
불안은 단지 허상일 뿐이고, 내가 약한 모습을 보일수록
더 기승을 부린다는 사실을 깨달은 것은 한참 후의 일이다.
지금은 불안이 성가시게 굴면 과감히 뿌리친다.
때로는 내 목을 조르는 불안한 생각의 목을 같이 조른다.
불안한 생각의 무리는 겁 많은 양아치들 같아서
한 놈만 족치면 다 도망간다.

실패자란
생각이
저를 지배합니다

"제 인생은 실패했다는 자괴감 때문에 너무 힘듭니다."

내담자 중에는 자기가 실패자라고 생각하는 사람이 적지 않다.
이런 사람의 공통점 중 가장 흔한 것이 부정적 생각이다.
생각은 반복적으로 하다 보면 습관이 된다.
좋은 생각이 습관화되면 괜찮은데,
부정적 생각이 그렇게 될 경우 문제가 발생한다.

부정적 생각은 우리 마음을 힘들게 한다.
그 생각에서 벗어나려고 애를 써도 잘 떨어지질 않아
정신적·육체적으로 지친다.
마치 거머리처럼 들러붙어서 떨어질 기미가 보이지 않는다.
행동심리학자 로버트 오일러는 부정적 생각을 줄이는 방법으로
고무 밴드를 이용했다.
팔목에 고무 밴드를 묶고 부정적 생각이 들 때마다 고무줄을
튕겼더니 그런 생각을 물리칠 수 있었다고 한다.
부정적 생각을 하는 자신에 대해 분노, 심지어 혐오감을 갖는
사람도 적지 않다.

이 세상에서 자기 존재를 없애고 싶다는 극언도 서슴지 않는다.
나는 자기 비난이 얼마나 위험한 것인지 현장에서 자주 보곤 한다.
심리치료사 네비아 뮬란은 이렇게 말한다.
"부정적 생각을 한다고 스스로 비난하는 것은
자신을 두 번 벌주는 것과 같다."
또한 아무리 심각한 문제일지라도 잠을 설쳐가면서까지
그걸 해결하려 해서는 안 된다고 조언한다.

부정적 생각은 찰거머리 같아서 떨어지려 하질 않는다.
그래서 잠을 자지 못하는 것인데, 이렇게 잠을 설쳐가면서
부정적 생각에 매달리면 불안증과 우울증은 더 심해지고,
심지어 망상 단계에 이를 수 있으니 조심해야 한다.
부정적 생각을 막는 방법을 몇 가지 소개한다.

- 장점 목록을 만들어본다.
- 인정받고 사랑받았던 때를 떠올려본다.
- 미래에 성공했을 때의 모습을 상상해본다.

"실수하는 게 사람이야. 안 하는 사람 있으면 나와보라 그래.
과거는 지나갔어. 더 이상 들추지 마."
자기 자신에게 이런 말을 해줘도 마음이 괜찮아진다.
끝으로 부정적 생각을 해서 내가 얻는 것이 무엇이 있을지
마음의 손익 계산서로 따져본다.

'내가 할 줄 아는 게 뭐가 있을까?'
'사람들이 나를 필요로 할까?'
나의 존재 가치가 없다고 생각하는 순간,
"넌 실패자야!"라고 외치는 괴물이 나타난다.
나를 벼랑 끝까지 몰고 가서 자멸하게 만들려는 괴물이다.

예전에 〈엑소시스트〉라는 영화가 있었다.
구마 사제가 반항하는 악령을 퇴치하는 영화인데,
현대판 악령은 그런 식으로 드러나지 않는다.
마치 자신이 멘토인 양 행세하면서 나를 파멸의 길로,
죽음의 길로 끌고 간다.
내가 실패자라는 생각은 자기의 것이 아니라,
악령이 던지는 흉악한 저주임을 잊지 말기 바란다.

사랑하는 사람을
보내고
너무 힘듭니다

"사랑하는 친구가 세상을 떠났습니다. 2년이란 시간이 지났는데도
여전히 눈물이 나고 슬픔이 가시질 않습니다."

인간은 상실·이별·좌절을 겪을 때 슬픔을 느끼는데,
그 슬픔이 우리의 상실감과 공허감을 어루만지고 정화해준다.
슬픔을 통해 그러한 것들이 얼마나 소중했는지를 느낀다.
슬픔을 느낌으로써 우리에게 주어진 것을 사랑하고, 그 가치를
소중히 여기며, 그걸 향유하는 능력을 되찾을 수 있다.
분노가 삶에 대한 열정을 새롭게 해준다면, 슬픔은 사랑의
감미로움을 다시금 느낄 수 있도록 마음을 열어준다.
슬픔을 충분히 느끼면 이미 일어난 일에 대한 심리적 저항감을
버리고, 자신이 잃어버린 것을 점차 마음으로 받아들일 수 있다.

그러나 이 시간이 오래 지속되거나, 일상생활에 지장을 초래할
정도로 강할 때 슬픔은 우울증으로 변한다.
우울증이 문제를 일으키는 것은 의욕을 잃게 하고, 삶이 무의미하며
무가치하다고 여기게끔 만들기 때문이다.
자기 삶은 더 나아질 가망이 없다는 절망감에 사로잡힌다.

그래서 슬픔이 장기간 지속될 경우에는 문제의 원인을
빨리 찾아야 한다.

원인 중 하나는 세상을 떠난 친구가 너무나 소중한 사람일 때 그렇다.
즉, 내가 마음 깊이 의지한 사람일 경우 그 빈자리가 채워지지
않아서 슬픔이 가시질 않는 것이다.
이럴 때는 세상을 떠난 친구 입장이 되어보는 시간을
가질 필요가 있다. 내가 이렇게 슬퍼하는 걸 보는 친구의 마음이
어떨지 생각해보는 것이다.

내담자 중에는 가족을 잃은 사람들이 상당히 많다.
사고로 졸지에 아내나 남편을 잃거나, 불치병을 앓던 부모나 자식을
떠나보낸 후 죽지 못해 사는 사람들이다.
그들은 한결같이 식사도 제대로 못 하고 잠도 잘 자지 못한다.
마음속의 괴물 때문이다.
"네가 자식을 보내고도 밥이 먹히냐."
"네가 그렇게 불효를 저지르고도 잠이 오냐."
끊임없이 나를 고문하는 괴물이 일상적 삶을 파괴한다.

젊은 딸을 떠나보내고 매일같이 무덤을 찾아
하루 종일 울다 오는 한 자매에게 이렇게 말해주었다.
엄마가 식음을 전폐하고 무덤 앞에서 하루 종일 울면
죽은 딸의 영혼이 기뻐하겠느냐고.

딸이 편히 천당에 가게 하려면 딸의 발목을 잡지 말라고.
딸 생각하느라 버림받은 남편과 아들 생각도 하라고.
그렇게 따뜻하지 않은 조언을 해주었다.

매일 바쁘게 살아도
마음은 자꾸 멍해집니다

"저는 하루하루가 아주 바쁩니다. 배워야 할 것은 너무 많은데,
언젠가부터 머리가 무겁고 생각이 둔해진 느낌이 듭니다."

현대사회는 배울 것이 너무나 많다.
들어오는 자극은 많은데, 뇌가 그걸 소화해낼 시간이 부족하다.
나중에는 과부하 걸린 컴퓨터처럼 뇌의 회전 속도가 느려지면서
잘 돌아가지 않게 된다. 판단력이 떨어지고,
아이디어가 고갈되어 현상 유지에 급급해진다.

자동차가 쉬지 않고 달리면 엔진이 과열되어 성능이 떨어지듯
사람의 뇌도 그러하다. 마음속에서 '이게 아닌데…' 하는 소리가
들리기도 하지만, 탈진할 때까지 계속 달려간다.
이럴 때 필요한 것이 휴식이다.
뇌를 쉬게 하려면 자극을 차단해야 한다.
더 이상의 자극이 들어오는 것을 막고, 뇌가 그동안 받아들인 정보를
소화해 기존 정보와 통합할 수 있는 시간을 가져야 한다.
쉬지 않고 일하는 것은 자기 학대 행위나 마찬가지다.

옛사람들은 누군가가 빈둥거리고 있으면 게으르다고 야단을 쳤다.
잠도 자지 말고 열심히 공부하거나 일해야 한다고
윽박지르기도 했다. 그런데 그렇게 모질게 산 사람들은
대개 수명이 짧거나 몸이 망가졌다.

나는 사목 초기에 훌륭한 사제가 되어야겠다고 마음먹고
빡빡한 일정표를 짰다. 나를 위한 시간은 다 빼고 오로지
신자들만을 위한 시간으로 채웠다.
편한 건 사치스러운 것이란 생각에 쉬는 날도 없앴다.
사제는 모르는 것이 없어야 한다는 생각에 아무리 피곤해도
공부를 게을리하지 않았다.
그렇게 꽉 찬 하루를 보내면서 마음의 뿌듯함을 느꼈다.
하지만 그것도 잠시, 시간이 갈수록 몸이 무거워지고 짜증만
늘어났다. 쉬지 못해 생긴 현상인데,
나태해서 그런 것이라 단정 짓고 더 채찍질했다.
결국은 탈진 증후군이라는 듣도 보도 못한 증세에 허우적거렸다.

지금은 나이가 들수록 일은 줄이고, 쉬는 시간은 늘려야 한다는
인생 수칙을 지키려 애쓰고 있다. 내 마음의 채찍도 꺾어버렸다.
더 이상 나를 다그치며 살지 않으려고.

거절을 당하면
화부터 납니다

"저는 다른 사람이 제 청을 거절하면 견딜 수 없이 힘듭니다.
상대방의 거절이 무리한 것도 아니고 그럴 만한 것인데도 이렇게
힘든 이유가 무엇일까요? 그래서 아예 다른 사람한테 부탁할
생각조차 하지 않습니다."

이는 부정적 자기평가 때문이다.
즉, 자기 자신을 가치 있게 생각하지 않기 때문에 그런 것이다.
자신을 부정적으로 평가할수록 타인과 상호작용할 때
심리적 상처를 받기 쉽다.
부정적 자기평가는 정서적 문제를 악화시킨다.
불안, 초조, 불면증 등 신경증을 유발한다.

거절당했다는 사실 자체가 문제를 일으킨다기보다 자신 안에
내재하는 부정적 자기평가가 문제를 초래하는 것이다.
이것이 환경적 자극과 합쳐지면 도화선에 불을 붙이는 것과 같다.
그런데 자기평가가 부정적일수록 문제의 원인이
외부에 있다고 생각해 자신 안의 도화선은 보지 못한다.
계속 환경적 자극만 비난하게 되면서 문제가 더욱 복잡해진다.

자기평가 탐색보다 자신 안으로 도망가거나
외적 환경과 갈등을 빚는다.

따라서 다른 사람의 거절에 심하게 화가 날 경우에는
상대방이 아니라 자기 문제를 들여다봐야 하는 것이 맞다.
그런데 이것이 쉽지 않다.
왜냐하면 자아가 약한 사람일수록 자기 문제를 보는 것보다
다른 사람에게 책임을 전가하는 것이 쉽기 때문이다.
그래서 남을 탓하거나 다른 사람을 원망하는 것이다.
그렇다고 억지로 자기 문제에 집착해서도 안 된다.
심리적으로 무리한 선택을 할 경우 부작용이 발생하기 때문이다.
이러지도 저러지도 못하는 참 난감한 문제다.

중요한 것은 자기 자신에 대해 긍정적 신호를 보내 자존감과
자신감이 살아나게끔 하는 것이다.
정신적으로 건강해지면 부탁하는 것도, 거절당하는 것도
그러려니 하고 넘어갈 수 있다.
"자기 문제를 다른 사람에게 부탁하는 것은 남자가 할 짓이 아니다."
"다른 사람의 청은 들어줄지언정 남에게 부탁하지 마라."
이른바 상남자 콤플렉스에 찌든 사람의 말이다.
이런 걸 주장하는 사람은 사실상 열등감에 찌든 좀생이가
대부분이다. 허풍은 치지만, 마음에는 궁색하고 궁핍한 자아가
쪼그리고 앉아 있다.

지나친 열등감은 병적인 우월감으로 변질되기도 한다.
그래서 누가 내 청을 거절하면 '네가 감히!' 하면서 분노하거나
'내가 거지 같아 보여?' 하는 자책 사이에서
극심한 혼돈 상태에 빠진다.
그래서 자기 자신을 이해하고 돌보고 긍정적으로 평가하는 게
대단히 중요하다.

그런데 우리나라에서는 참 어렵다. 상남자, 혹은 꼰대 등
수많은 콤플렉스 덩어리들이 자아를 짓누르고 있어서다.
그래도 그런 돌덩이들을 하나씩 치워 나간다면 어느 순간,
달라진 자신이 보일 것이다.

왜 저는
이렇게 바보처럼
굴까요?

"난 왜 이렇게 바보 같은지 모르겠습니다. 잘하는 것 하나 없고,
뭘 하려고 하면 머릿속이 텅 빈 것처럼 아무 생각도 나지 않아요."

누군가가 무슨 일을 제대로 해내지 못할 때 다른 사람들이
비웃으며 흔히 하는 말이 있다.
"바보 같은 놈! 바보같이 그것도 못 해."
'바보'라는 말은 일종의 낙인찍기와도 같다.
좀처럼 그 굴레에서 벗어나기 힘들다.
그래서 사람들은 똑똑한 척, 유식한 척 떠들어댄다.
바보 소리 듣지 않으려는 몸부림이다.

그런데 다른 이들은 가만히 있는데,
자기 자신을 바보라고 하는 사람이 있다.
왜 그럴까? 자신을 항상 무능한 존재라고 말하는 사람에게는
자기 행위에 책임지고 싶지 않다는 무의식적 생각이 깔려 있다.
책임을 진다는 것은 신경을 써야 한다는 얘기고,
결과에 대한 부담감을 갖는다는 걸 뜻한다.
그게 싫을 때 스스로를 바보라고 하면서 그 일을 하지 않아도 되는

일종의 면죄부를 주는 것이다.
그래서 새로운 행동을 요구받거나 책임 있는 행동을 해야 할 때
"저는 못 해요. 저 같은 사람이 그런 걸 할 수 있나요" 하며 기피한다.
이런 생각의 밑바닥에는 열등감이 자리 잡고 있다.

알프레드 아들러는 열등감이란 자신의 행동을 선택하고,
그에 따르는 결과에 책임을 지기 싫기 때문에 회피 수단으로 갖는
감정이라고 지적한다.
이런 사람은 자신의 행동 기준을 타인의 시선이나 기대,
요구에만 맞춘다. 자기 행동에 책임을 지려 하지 않는다.
타인에게 의존하거나 타인을 조종해 그들로부터 필요한 자원을
얻으려 한다.

인생의 모든 것은 선택이다.
의존적 자세를 버리고, 자기 의지로 해내려는 자세를 가져야 한다.
스스로 바보라고 하면서 변두리 인생을 살면 시간이 지날수록
비참한 현실 속으로 더 깊이 빠져든다.
세상에 바보 아닌 사람은 아무도 없다.
완전한 인격체는 없다는 것이다.
모두가 부족함을 채우기 위해 노력할 뿐이다.
스스로를 바보라고 하는 것은 노력하기 싫은
게으른 자들의 변명이다.

군대 초년병 시절, 대학에 다니다가 입대한 나에게 노동판에서
일하다 온 중졸 고참이 "이 바보야!"라는 말을 숱하게 했다.
대학물을 먹은 녀석이 총기 하나 제대로 다루지 못하느냐는 핀잔을
들을 때마다 욱했지만, 바보 행세를 해야만 했다.
학벌에 대한 열등감이 심하다는 게 자명해 보였기에 반항할 경우
또 다른 폭력과 학대를 불러올지 모른다는 생각에
어쩔 수 없이 선택한 바보 놀음이었다.
그런데 시간이 가면서 '내가 정말 바보가 아닐까' 하는
생각이 들기 시작했다. 군대식 가스라이팅에 걸려든 것이다.

나이가 들어서 바보 취급당하는 것은 정말 바보 같은 짓이다.
군대에서야 무시하는 걸로 끝나지만, 현실 세계에서는 사기꾼의
먹잇감이자 성격장애자의 희생물이 될 가능성이 높기 때문이다.
그래서 뛰는 놈 위에 나는 놈이 되어야겠다는 생각으로
매일 자신을 업그레이드하기 위해 훈련했다.
바보 같은 우물 안 개구리들은 꿈도 꾸지 못하는 삶을 만들기 위한
노력을 지금도 계속하고 있다.

피해의식에 사로잡혀 살아갑니다

"'네까짓 것들이 나를 알아' 하면서 행패를 부리는 사람이 있습니다.
자신의 과거 잘못 때문에 지금 비참하게 살고 있을 뿐인데,
주변 사람을 괴롭히는 이들입니다."

오래전 버스 안에서 강제로 물건을 파는 사람들이 있었다.
옷은 남루하고 입에서는 술 냄새가 풀풀 나는데,
자기가 전과자란 사실을 협박조로 뱉으면서 물건을 강매했다.

그런데 근래 이와 유사한 자들이 또 나타나기 시작했다.
이들의 증세를 일명 '피해자 증후군'이라고 한다.
"나는 과거에 상처를 입었기 때문에 지금 이렇게 할 수밖에 없어.
그러니까 너는 나를 이해하고 내가 원하는 걸 들어주어야 해."
그들은 이런 말로 상대방에게 정서적 폭력을 가한다.

정신분석에서는 본능적 욕구나 감정을 자신에게
숨기지 말라고 조언한다.
그러나 그걸 모두 밖으로 표현하라는 얘기는 결코 아니다.
만일 우리가 욕망이나 감정을 절제하지 않고 모두 표출한다면

다른 사람들에게 피해를 주는 끔찍한 괴물이 되고 말 것이다.
그런데 피해자 증후군을 가진 사람은 그런 절제 의식이 전무하다.
오히려 뻔뻔스럽기조차 한데, 그 당당함 속에는 심지어
특권 의식까지 있다.

이들은 자해 행위를 하면서 다른 사람들에게
혐오감과 공포심을 심어준다.
사람들은 어쩔 수 없이 그들이 내뱉는 배설물을 뒤집어쓴다.
피해자인 척하는 자들에게 정말 피해를 입는 것이다.
과거에 아무리 고통스러운 상처가 있었다고 해도 현재 내가 하는
행동에 대한 책임은 나 자신에게 있다.
엉뚱한 사람에게 그 책임을 전가할 수는 없다.
내가 아무리 선량한 피해자라 할지라도 다른 사람에게
해를 끼치는 행동이 용납되는 것은 아니다.
그런 현실을 외면한 채 자기 멋대로 산다면 결국 주위 사람들은
모두 떠나고 외롭게 혼자 죽고 말 것이다.

달동네 성당 사목 시절, 동네에 알코올중독자가 수두룩했다.
이들은 가끔 성당을 찾아와서는 돈을 달라고 행패를 부렸다.
신자들은 아무도 그들을 만류하지 못했다.
돈을 조금 주면 도리어 깽판을 치기도 했다.
어느 날, 너무 화가 나서 그중 한 놈의 멱살을 잡고 쌍욕을 퍼부었다.
그런데 펄펄 뛰던 놈이 땅바닥에 철퍼덕 주저앉더니

펑펑 울기 시작했다. 그러거나 말거나 사제관으로 들어가버렸는데, 그 후로 알코올중독자들의 발길이 끊겼다.
충격요법이 먹힌 것인지, 성당 신부 놈이 깡패 같다고 그들 사이에 소문이 난 것인지 잘 모르겠지만, 어쨌든 깽판 치는 놈들이 얼씬도 하지 않았다.

겁 많고
여린 마음이
자꾸 날 괴롭힙니다

"저는 새가슴입니다. 누가 큰소리만 쳐도 가슴이 쿵쾅거리고
겁이 납니다."

타인의 견해를 무비판적으로 받아들이는 사람은 호흡이 얕다.
신경증 환자는 폐에 공기를 지나치게 담아두고 내쉬지를 않아서
가슴이 부풀어 있고, 정신증 환자는 숨을 잘 들이쉬지 않아서
가슴이 오그라들어 있다고 하는데, 산소 공급을 원활히 받지 못해
에너지를 효율적으로 사용하지 못하는 것이 공통점이다.

이런 상태를 보통 '새가슴'이라고 말한다.
처방은 심호흡을 비롯한 신체적 활동과 감정 표현, 자신의 에너지
사용을 연습하는 것이다.
고함을 지르고 베개를 때리면서 분노를 발산하거나, 춤을 추면서
흥분 에너지를 발산하는 것도 좋은 방법이다.
혹은 발바닥이 평평하게 바닥에 닿는 편안한 의자에 앉아
눈을 감고 호흡을 평소대로 유지하면서,
불편하게 느껴지는 신체 부위에 양손을 대고 자신의 신체적 느낌을
관찰하는 것도 상당히 효과가 있다.

내 마음과 몸이 나에게 무엇을 말하는가?
뭔가 중요한 것을 무시하고 있지는 않은가?
불필요하게 스트레스를 받지는 않았는가?
먹지 말아야 할 음식을 먹지는 않았는가?
불편한 감정을 붙들고 있지는 않은가?
내 책임이 아닌 일 때문에 비난받고 있지는 않은가?

목에 뭔가 걸린 듯한 증상은 '화'를 삼키는 것과 관련이 있다.
위통과 가슴 답답함은 무력감이나 두려움과 연관이 있고,
설사는 불안이나 억압과 관련 있다고 한다.
건강하게 살려면 쫄아서는 안 된다.
가슴이 오그라들거든 허공을 향해 외쳐라.
"쫄지 마!"

나는 어린 시절부터 격투기를 조금씩 해왔다.
중학교 땐 태권도를 했다. 다른 애들을 때리기 위해서가 아니라,
다른 아이들이 나를 때리지 못하게 하려고 배운 것이다.
나이를 먹고는 잠시 유도도 배웠다.
완력을 쓰는 자들 앞에 서면 오그라드는 나 자신이
보기 싫었기 때문이다.
유도를 배우면서 몸싸움에 자신이 붙었다.

재개발 본당에서 사목할 때는 복싱과 검도를 했다.

동네 양아치들 앞에서 쫄기 싫어 샌드백을 두들겨 패고,
재개발 비리 카르텔의 목을 베는 칼질을 매일 밤마다 했다.
지금도 밤이 되면 목검으로 허공을 벤다.
새가슴이 되지 않으려고.

사람을 믿고 싶지만, 그게 참 어렵습니다

"제 친구가 늘 입에 달고 사는 얘기가 '믿을 놈 하나도 없어. 다 도둑놈이야' 하는 말입니다. 제가 무슨 말을 해줘야 할까요?"

이를 신뢰감 장애라고 한다.
극단적 통제 방법을 사용하는 사람의 경우 이런 증상을 보이는데, 이들은 다른 사람한테 권한을 위임하지 못하고 뭐든 혼자 다 한다. 믿을 사람이 없기 때문이다.
그런데 이런 극단적 통제는 심각한 관계적 어려움을 초래한다.
아부꾼만 곁에 남고, 정작 자기를 도와줄 사람은 떨어져 나간다.
결국 사기꾼 같은 자들만 들러붙는다.

반대로 남을 지나치게 신뢰하는 것도 문제다.
자신의 결정권을 다 포기한 채 다른 사람을 무조건 믿는 것,
다른 사람을 지나치게 높이 평가하는 것도 신뢰감 장애에 해당한다.
중독적 행동 분야의 권위자 패트릭 칸스는 신뢰감을 제대로
배우지 못한 사람은 친밀한 것과 맹목적인 것, 관심과 집착, 보호와
통제를 혼동하는 경우가 종종 있다고 말한다.

개인의 인성 개발에 이르는 열쇠는 대화다.
어린 시절부터 대화가 부족하면 이런 문제가 생긴다.
대화 부족은 인성 결핍을 유발하는 근본적 원인이다.
사람은 문제점과 차이점에 대해 의논해서 해결하며, 이것들과
더불어 살아가는 방법을 배워야 한다.
커뮤니케이션은 인간의 구성 요소 중 하나다.
입, 혀, 안면 근육, 성대, 귀 등이 이를 입증한다.

또한 감성도 개발해야 한다.
다른 사람의 좋은 점을 보려 노력하고, 적극적으로 표현해야 한다.
자신이 일상에서 느끼는 감정이 무엇인지, 왜 그렇게 느끼는지를
이해하려고 애써야 한다. 이런 훈련을 통해 호감을 얻고,
사람을 식별하는 혜안을 지닐 수 있는 것이다.

"믿을 놈 하나도 없어" 하며 큰소리치고 살다 보면 친구들이 하나둘
떠나가는 건 물론이고, 장례식 때 아무도 찾아오지 않을 것이다.
이런 사람에겐 이렇게 말해준다.
"외롭게 살다 외롭게 죽고 싶으면 계속 그렇게 살아라!"
사람이 얼마나 건강하게 살았는가는 죽은 뒤 찾아오는
조문객의 숫자로 알 수 있다는 말은 헛소리가 아닌 듯하다.

인정받고 싶어 안달인
제가 싫습니다

"저는 다른 사람이 저를 인정해주는 것에 너무 매달립니다.
인정을 원하다가 받게 되면 기쁜데, 필요할 때 받지 못하면
온몸에서 기력이 빠져나가 무기력해집니다."

사람은 성장 과정에서 각 단계마다 충족해야 하는 욕구가 있다.
그중 가장 중요한 것이 바로 인정 욕구다.
특히 어린 시절에는 부모로부터 인정과 관심을 받아야 한다.
그래야만 스스로를 인정할 수 있고, 자존감과 자신감이 커진다.

인정을 구하는 일이 나를 망치는 나쁜 습관,
즉 자기실현의 오류를 일으키는 경우는 그 욕구가
'희망 사항'이 아닌 '필수 조건'이 되었을 때다.
그렇게 갈급해지면 자기 파괴적인 힘이 끼어든다.
인정을 구하는 일이 삶에서 필수 불가결한 조건이 되어버리면
자신의 삶을 외부인에게 내맡기게 된다는 것이다.

이런 사람은 타인의 동의를 얻어야만 안심하고, 의견이 다르면
불안을 느낀다. 그래서 입장을 수시로 바꾼다.

다른 사람이 원하는 방식대로 자신의 모습을 바꾸는 것이다.
비난을 감당하기보다 동조를 이끌어내는 것이 훨씬 수월하다고
여기기 때문이다. 그러나 그렇게 속 편한 길을 택하면
자신에 대한 타인의 평가를 자기 의견보다 더 중시하게 된다.

이것은 헤어나기 힘든 수렁이며 덫이다.
그렇게 살면 결국은 강제로 끌려다니는 신세가 되고 만다.
이런 사람은 스스로를 칭찬하고 인정하는 시간을 가져야 한다.
"잘했어. 훌륭해!"
이런 말로 다독이다 보면 조금씩 달라지는 자신을 발견할 수 있다.

사람의 마음도 몸과 마찬가지로 건강 상태가 제각각이다.
마음이 병든 사람 중 상당수는 인정 욕구가 결핍된 이들이다.
이처럼 인정 욕구에 매달리는 사람은 눈빛마저 주인을 바라보는
강아지처럼 애처롭다. 누가 말려도 궂은일을 혼자 도맡는다.
그러고는 칭찬 한마디라도 듣기 위해 주변을 맴돈다.

그런데 이런 사람일수록 너무도 손쉽게 사기를 당하곤 한다.
속아서 결혼하거나 전 재산을 날리는 사람도 많다.
또한 사이비 종교에 포섭되는 사람들 대부분 인정 욕구에 목말라
하는 사람들이다. 과도한 인정 욕구는 참으로 무서운 질병이다.

가까운 사람은 좋고, 낯선 사람은 힘듭니다

"저는 친한 친구가 몇 사람 있습니다. 그래서 늘 붙어 다니는데, 문제는 다른 사람이 끼어드는 게 너무 불편하다는 겁니다. 그래서 '넌 왜 그렇게 사람을 가리냐'는 소리를 듣곤 하는데, 제가 뭐가 문제인가요?"

어린 시절, 죽을 때까지 함께하자며 손가락 걸고 맹세하는 친구들이 있다.
늘 붙어 다니며 옷도 똑같이 입어 쌍둥이 소리를 듣기도 한다.
그런데 어른이 되어서도 이런 모습을 계속 보이는 것은 문제다.
다른 사람과 친밀한 관계를 맺는 능력은 사회생활에서 매우 중요하다.
관계 맺기에 특별한 이상이 없는 사람은 서른 살이 넘으면
싫은 사람이나 상황도 견뎌내고, 존중하는 힘과 여유를 갖게 된다.
현실의 한계를 인정하고, 타인의 장단점을 보는 시야가 넓어지기 때문에 마음에 들지 않아도 관계를 유지할 수 있는 것이다.
그런데 이런 유연함이 결핍된 사람은 무엇이 문제일까?

나이가 들수록 자신이 좋아하고 인정하는 사람들하고만 관계를 맺으려는 편협한 사고에 매몰된 사람은 대부분 자신감이 부족하다.

이들은 자신이 인정할 수 없는 사람과 원만한 관계를 맺는 걸
어린아이처럼 대놓고 거부한다. 고집스럽게 자신의 방식을 강요하고,
그것을 받아들이지 않는 사람을 배척한다.
마치 음식 투정을 부리는 어린아이와 다름없다.
물론 사람에겐 타인과의 심리적 거리가 필요하다.
타인의 침입과 간섭으로부터 자신의 세계를 지키고, 자기 내부의
공격성과 파괴적 욕구가 밖으로 분출되어 상대를 해치지 않도록
심리적 거리를 두는 것을 우리는 '예의'라고 부른다.

그러나 사람들에게 마음을 여는 걸 지나치게 두려워하면
자신을 고립시키고, 폐쇄적 삶으로 들어서게 된다.
그러다 결국 고독사로 삶을 마감할 수도 있다.
대인 관계는 음식과 유사한 특성이 있다.
절친하고만 어울리려는 사람은 편식하는 사람과 다름없다.
유아적이고 미성숙한 태도다.

나는 집안의 장손으로 자라서 가리는 게 많은 고집 센 아이였다.
내키지 않는 상황이 생기면 마음의 문을 닫고
폐쇄적인 공상에 빠져들곤 했다.
그런데 그렇게 살다 보니 인생이 점점 그늘지고,
변두리로 밀리는 듯한 느낌이 들기 시작했다.
외톨이가 된 것이다.

이런 내 안의 담벼락을 무너뜨린 건 공동생활이었다.
군대와 신학교는 폐쇄적인 내 성향을 허용하지 않았다.
사제가 된 후 사목 현장에 나가서는 별의별 사람을 수없이 만나고,
수많은 나라를 낯선 이들과 더불어 여행했다.
그러면서 내 자아는 담 밖으로 나와 낯선 맛을 보기 시작했다.
그리고 방송에 얼굴을 내밀면서 이제는 낯선 사람과의 만남이
즐겁기까지 하다. 이런 마음의 변화를 겪으며,
내 자아가 변두리에서 중앙으로 자리 잡는 것을 느낀다.
음식을 편식하는 것이 건강에 좋지 않은 것처럼,
지나치게 사람을 가리는 것도 정신 건강에 좋지 않다.

누가 뭐라 하지 않아도
늘 제가 먼저
사과합니다

"저는 무슨 일이 생기면 무조건 사과부터 하는 습관이 있습니다.
상대방이 잘못했는데도 저절로 '잘못했습니다. 용서해주세요'
그 말이 먼저 나와요."

부모가 야단치면 아이들은 여러 가지 반응을 보인다.
"내가 뭘 잘못했다고 그래요" 하며 대드는 아이,
엉엉 울면서 비는 아이, 화를 내는 엄마 품에 덥석 뛰어드는 아이.
그런데 잘못했다고 정신없이 싹싹 비는 아이가 있다.
대개 부모가 자식을 학대하는 집안의 아이들이다.
이런 아이들은 자책감이 심하다.

자책감의 근원이 되는 감정은 선악을 구분하는 능력과 상관없다.
부모의 애정을 잃는 게 두려울 뿐이다.
이는 타인의 미움을 받는 걸 두려워하는 심리와 직결된다.
그래서 무슨 일이든 자신에게 원인이 있다고 생각하고,
사소한 일에도 무턱대고 사과하는 것이다.
이들은 대부분 융통성이 없는데, 이것이 쉽게 상처받는
원인으로 작용한다. 상대방에게 화를 내야 할 상황에서도 도리어 자기 자신에게 상처를 준다.
자책감이 지나치게 강해서 불쾌한 기분을 표출하면
인간관계에 금이 갈까 봐 두려운 것이다.

어린 시절부터 이런 환경에서 자라면 자신을 희생하면서까지
남을 배려하는 사람으로 자란다.
그래서 표출해야 할 분노나 증오가 오히려 자신에게 쏟아진다.
얼핏 보면 착한 사람 같지만, 내면은 학대받는 아동이다.
이런 사람은 약간 뻔뻔스럽게 사는 훈련을 할 필요가 있다.

일본을 여러 번 방문하면서 '스미마셍'이란 말을 참 많이 들었다.
어릴 때부터 다른 사람에게 폐를 끼치면 안 된다는 교육을 철저히
받은 일본인은 상대방이 잘못했음에도 연신 미안하다고 말한다.
우리나라 지방의 한 노래방에서 화재가 발생해 일본 관광객
여러 명이 죽거나 다친 적이 있었다.
한국인이라면 배상 소송을 하겠다며 난리를 쳤을 테지만,
피해자인 그들은 폐를 끼쳤다며 사과하는
납득하기 힘든 모습을 보였다.

그런데 일본인의 이런 태도는 집단 따돌림(이지메)을 당하지 않기
위한 방어술이라는 걸 나중에야 알았다.
그렇게 예의 바르고 착한 사람들이 왜 전쟁을 벌이고 잔혹한 짓을
했는지 묻는 사람들이 있다.

그 답 중 하나가 바로 집단 따돌림에 대한 공포심 때문이다.
다른 모든 것과 마찬가지로 사과 역시 적당히 해야 한다.
그래야 자존감을 지키며 당당하게 살 수 있다.
지나친 사과는 상대방이 나를 무시하거나 함부로 하게 할 여지를 줄 수 있기에 조심해야 한다.

저만 왜 이렇게 문제가 많을까요?

"저는 왜 이렇게 문제가 많은지 모르겠습니다. 남들은 다 정상적이고 좋아 보이는데, 왜 저는 이렇게 문제투성이일까요?"

상담을 청하는 사람 중 간혹 이런 호소를 하는 사례가 있다.
자신에게 문제가 있다는 걸 알고 인정하는 것만도 대단한 일이다.
상담가들은 말한다.
"세상에 문제없는 사람은 없다.
모든 사람은 어느 정도의 문제는 다 가지고 있다.
그러니 그걸 부끄러워하거나 부정할 필요는 없다.
다만 거기에서 자신의 문제가 무엇인지 정확히 아는 것으로 나아가면 된다."

자기 문제를 인식하는 사람은 너무 지나치지만 않으면 괜찮다.
오히려 자기한테는 문제가 하나도 없다고 주장하는 사람이 문제다.
자기는 거룩하고 완전하고 흠 없는 존재라고 말하는 자들은
사이코패스거나 사이비 교주다.
이들은 온갖 연출로 스스로를 거룩하게 만들고, 심약한 사람들을 상대로 사기 행각을 벌인다.

자기 문제는 자기 안의 아이, 자신의 과거와 깊은 연관이 있다.
같은 잘못을 반복하는 것은 자기 안의 상처가
치유되지 않았기 때문이다. 그럴 때는 자신을 비난하지 말고
자기 안의 아이와 대화를 나눠야 한다.
마음껏 울게 해주고, 말할 수 있게 도와주고, 상처가 아물도록
해야 한다. 그렇게 상처가 아물어야 과거를 떠나보낼 수 있다.
그런 과정을 거치면 비슷한 경험을 반복하더라도
스스로를 위로할 수 있다.

세상에는 자기 문제만 보는 사람과 남의 문제만 보는 사람이 있다.
자기 문제만 보는 사람은 한결같이 모든 문제의 원인이
자기한테 있다고 말한다. 신경증장애자다.
반면, 남의 문제만 보는 사람은 한결같이
다른 사람을 원망하고 탓한다. 성격장애자다.

하루는 성당에서 야유회를 가기로 했는데,
아침부터 비가 내리기 시작했다.
신경증장애 신자들은 비가 오는 게 믿음이 부족해서
그런 거라며 자기 탓을 했다.
반면, 성격장애 신자들은 신부가 기도를 안 해서 그런 거라며
신부 탓을 했다.
나는 신경증장애 사람들을 달래주다가 진이 빠졌고,
성격장애 사람들은 나를 들볶아대서 피곤했다.

가장 좋은 사람은 이렇게 말하는 신자다.
"신부님, 비 맞고 구경하는 것도 재미인데 일단 출발하시죠."

어떻게든 되겠지 하며,
아무것도
하지 못합니다

"저는 결혼 적령기인데요. 현재 제 배우자가 될 사람에 대해
약간의 의구심을 가지고 있습니다.
천성이 낙천적인지 어떠한 문제가 발생해도 '잘되겠지' 합니다.
그런데 구체적으로 어떤 행동을 하지는 않아요.
이 사람과 결혼을 해야 할지 망설여집니다."

준비된 것 하나 없이 밑도 끝도 없이 긍정적 말만 늘어놓는 사람은
허세를 부리는 허풍쟁이하고는 다르다.
이런 사람은 두렵거나 감당하기 어려운 상황에 부딪혔을 때
적극적으로 대처하기보다 '어떻게든 되겠지' 하고 내버려둔다.
이것을 '폴리아나Pollyanna' 현상이라고 하는데,
한마디로 미성숙한 어른이다.

복잡하고 경쟁이 치열한 사회에서 책임지지 않은 채 살고 싶은
욕구, 현실 도피 욕구가 강한 사람이 이런 증상을 보인다.
이 같은 현상은 부모 자식 사이의 지나치게 강한
연결 고리 때문에 생긴다.
자식에 대한 의존성과 대리 만족이 큰 부모일수록 어떤 희생도

마다하지 않는데, 이런 환경에서 자식이 미숙아로 성장하는 것이다.
즉, 과보호가 만든 결과물로서 긍정적 성향과는 전혀 다르다.

하는 사업마다 말아먹는 남편 때문에 상담을 받으러 온
자매가 있었다. 시댁이 부잣집이라 경제적 여유는 있는데,
세 형제 중 둘째인 무능한 남편을 보면 속이 터진다고 했다.
형과 동생은 야무지게 잘 사는데 말이다.
그런데도 남편은 늘 "잘되겠지" 하며 아무 노력도 하지 않았다.
얘기를 계속 듣다 보니 남편이 그렇게 살 만도 하겠다 싶었다.
사업을 말아먹을 때마다 부모와 형제들이 뒷감당을 해주니
책임감 없이 무계획하게 사업을 벌일 수밖에.

갈수록 과보호를 받는 아이가 늘어나고 있다.
엄마가 없으면 아무것도 못 하는 마마보이들이 지천이다.
요즘 엄마들은 학교뿐만 아니라 군대 생활에도 관여한단다.
문제는 그런 아이들이 나이 들어서도 엄마만 찾는다는 점이다.
심지어 부부 싸움을 한 후 엄마를 찾는 바보도 늘고 있다.
부모가 다 죽고 나면 어찌 될지 벌써부터 걱정스럽다.

왜 내 인생만
이렇게 꼬이는 걸까요?

"나는 왜 이렇게 되는 일이 없을까? 난 왜 이리 재수가 없을까?
이런 생각을 자주 합니다. 다른 사람들은 하는 일마다 잘되고
일이 술술 풀리는 것 같은데, 나만 왜 이리도 인생이 꼬이는지요?"

특정 사건이 발생할 확률을 기저율이라고 하는데,
이 비율은 사실 그리 높지 않다.
그런데도 이런 생각을 하는 것은 지나치게 예민한 성격 때문이다.
자기가 싫어하는 것에 대한 집착이 마치 자신에게만
안 좋은 일이 생기는 것처럼 여겨지는 것이다.
이를 '가용성 편향Availability Bias'이라고 하는데,
이런 성향이 지속되면 주위 사람들을 피곤하게 만든다.
어린아이처럼 자기 입맛에 맞는 것만 찾으려는 유아적 속성,
입맛에 안 맞으면 심통 부리는 미성숙함이 사람들을 질리게 하기
때문이다.

이들의 특징은 부정적인 데 있다.
자기 삶에 의미가 없다고 생각하며, 죽은 후 잊힌 존재가
되고 싶다고 되뇐다.

하루하루를 힘겨워하며 허공을 딛는 것같이 산다.
하는 일마다 되는 게 없을 때 느끼는 심리적 낭패감은
사람으로 하여금 머피의 법칙에 집착하게 한다.
왜 그 많은 법칙 중 머피의 법칙에만 집착하는 걸까?
변명거리를 찾기 위해서다.

이런 경우는 시야를 다른 곳으로 돌리거나, 좀 더 넓은 시선으로
세상을 바라볼 필요가 있다.
그리고 자신의 한계와 능력에 대해 진지하게 생각해봐야 한다.
자기 자신을 기만하는 태도는 삶의 변화를 방해하므로
이런 자기 관리 시간은 반드시 필요하다.
만약 이런 생각을 바꾸려는 노력을 하지 않는다면
아무도 도움을 주지 않을 것이다.

내담자 중엔 자기 신세를 한탄하는 사람이 있다.
사연을 듣다 보면 공감이 가고 짠한 마음이 들기 마련인데,
조금 지나면 울컥 짜증이 솟는다.
그래서 더 이상 듣기 힘들 정도가 되면 말을 끊고
뜬금없는 질문을 던진다.
"만약 자매님처럼 신세 한탄을 하는 아이가 며느리로 들어온다면
기분이 어떨까요? 좋을까요, 아니면 불편할까요? 기특하다고
생각할까요, 아니면 재수 없는 아이라는 생각이 들까요?"
이런 질문을 받으면 대부분 얼굴색이 확 변하면서

이렇게 대답한다.
"신부님, 그걸 말이라고 하세요? 재수 없지요!"
문제의 답은 언제나 자기 안에 있다.

하루하루를 버티듯 살아가고 있습니다

"친구들은 작은 것에도 즐거워하고 별일 아닌 것에도 흥분하는데,
제게는 그 모든 것이 다 하찮게 여겨지고 권태롭기만 합니다.
이제 나이가 들어서 직장도, 모아놓은 것도 없는데
의욕이 나질 않습니다."

이들은 초연한 게 아니라, 권태 속에서 살아간다.
권태롭다는 사람을 보고 빈둥거린다는 핀잔을 주기도 한다.
하지만 삶에서 권태로운 시간은 당연히 있을 수밖에 없다.
중요한 것은 빈둥거리는 목적이 무엇인가 하는 점이다.
바쁘게 일하다가 잠시 지루해하는 것은 건설적 권태라고 할 수 있다.
그러나 모든 것에서 의미를 찾지 못하고,
세상으로부터 한 걸음 물러나 빈둥거리는 것은 파괴적 권태다.
파괴적 권태는 백해무익한데, 아까운 시간을 낭비하기 때문이다.

그렇다면 파괴적 권태는 왜 생기는 걸까?
사람들의 박수갈채 속에 살고 싶다는 자아 이상Ego ideal이 너무
높으면 초라한 자기 자신과 현실에 실망하고 우울해지기 쉽다.
자신의 꿈과 거기에 미치지 못하는 괴리감이 커지면서 좌절한다.

그 좌절감이 무력감으로 변질되고, 무력감이 삶을 지배하는데
이것을 파괴적 권태라고 한다.
해법은 기대 수준을 낮추어 사는 것이다.

우리 주위에는 매사에 시큰둥한 태도를 보이는 사람이 있다.
마치 세상을 달관한 듯하다.
작은 것에 즐거워하는 사람을 보면서 냉소적으로 빈정거린다.
그런데 그들은 대부분 직장도 변변치 않고,
제대로 된 벌이도 없고, 할 줄 아는 것도 없는 경우가 많다.

사목 생활을 하면서 제일 짜증 나는 사람은 무언가를 하려고 하면
옆에서 초부터 치는 부류다.
"그런 건 해서 뭐 합니까? 쓸데없는 일 벌이지 마세요.
내가 다 해봐서 아는데, 이곳에서는 소용없는 일입니다."
하기 싫으면 입 닥치고 조용히 있으면 좋으련만,
사사건건 끼어들어서 기분을 잡치게 만든다.
손가락 하나 까딱 안 하고 입만 살아 있는 그들은 동네에서도
인정받지 못하는 하류 인생인 경우가 대부분이다.

제 마음을
아무도 몰라주는 것 같아
서럽습니다

"여자 친구와 다툰 뒤 미안한 마음에 선물을 주었는데 거절당했습니다.
왜 제 마음을 몰라주는 것일까요?"

상담을 하다 보면 이런 얘기를 많이 듣는다.
"나는 최선을 다했는데, 상대방이 나를 몰라줍니다."
이는 상대방의 심리 구조를 이해하지 못해서 생기는 오해라는 것이
상담가들의 공통된 견해다.
화를 내고 난 후 진정되는 기간은 사람에 따라 다른데, 자신의 화가
풀렸다고 자기 기준에 맞추어 상대방에게 화해를 시도할 경우,
타이밍이 맞지 않아 다시 싸움으로 번지는 경우가 많다.

기본적으로 남자는 벌컥 화를 내고 빨리 식는다.
마치 냄비와도 같은 성품이라고 생각하면 된다.
반면, 여자는 일단 화가 나면 오래간다.
이렇게 남자와 여자가 다른데, 이를 알지 못하는 남자가 미안하다고
하면 아직 화가 풀리지 않은 여자는 이를 달가워하지 않는다.
그러면 남자가 다시 화를 내는 일이 반복된다.
이는 상대방의 생리적·심리적 구조를 몰라서 벌어지는 일이다.

이런 일은 부부뿐 아니라 개인과 개인, 단체와 단체 사이에서도
비일비재하게 일어난다.
복음에서 이웃을 사랑하라는 말을 자주 하는데,
이웃을 사랑하기 위해서는 내 감정이나 내 생각이 아니라
상대방을 이해해야 한다. 내 기분에 겨워 베푸는 사랑은
자칫 상대방을 곤혹스럽게 만들 수 있다.
또한 좋은 일을 하고도 사람들로부터 '피곤한 사람'이라는
소리를 들을 수 있다.

이렇게 쉽게 말하지만, 사람과 사람이 함께 사는 것은
결코 쉬운 일이 아니다. 수도자들 대상 강의에서 물은 적이 있다.
"수도생활을 하면서 가장 힘든 게 무엇인가요?"
그러자 모두들 처음에는 기도생활이 힘들었는데, 갈수록 사람과
함께 사는 게 힘들다고 이구동성으로 말한다.
진정한 성인은 사람들과 잘 어울려 사는 이들이다.

살아야 할 이유를
잃어버린 것 같습니다

"살아오면서 온갖 우여곡절을 다 겪었습니다.
그러다 보니 사는 게 뭔가 싶고, 나 자신이 안쓰럽기만 합니다.
이렇게라도 사는 게 맞는 것인지요?"

상담소를 찾는 대부분의 사람이 이런 하소연을 한다.
그런데 사는 게 힘들다는 분들께 그럼 죽겠냐고 물으면 펄쩍 띈다.
그래서 어떤 철학자가 이런 말을 했다.
"사람은 천당에는 가고 싶어 해도, 죽고 싶어 하지는 않는다."

사는 게 귀찮다고 말하는 것은 체념이 아니라 포기다.
무기력하게 삶의 의욕을 상실한 상태를 의미한다.
강도의 차이는 있겠지만, 우리는 외부의 압력에 의해 방황하고
힘들어하는 시기를 조금씩은 경험한다.
때론 내면의 아픔과 고통이 너무 커서 감당하지 못하는 경우도 있다.

이 글을 쓰는 나 역시 사는 게 버거워 차라리 죽고 싶다는 생각을
한 적이 한두 번이 아니다.
그런데 사는 게 귀찮고 괴롭고 무기력해서 죽고 싶을지라도,

한구석에는 잘 살고 싶은 심정이 있다.
이 두 감정이 부딪치는 것을 갈등이라고 한다.

삶은 하나의 기회다.
그걸 붙잡고 누리는 것은 우리 자신의 의지에 달려 있다.
살아가는 데는 두 가지 방법이 있다.
기적이 존재하지 않는다고 생각하며 사는 것과
모든 것은 기적이라고 생각하며 사는 것.
그래서 많은 현인이 이구동성으로 말했다.
"별에 이를 수 없음이 불행한 게 아니라,
이를 수 없는 별을 갖고 있지 않은 게 불행한 것이다."

내 나이 일흔이 되었을 때 사람들이 물었다.
"칠순 노인이 되셨으니 이제 어떤 생각이 드시나요?"
아마도 모든 일을 다 내려놓고 한가로운 은퇴 생활을 할 것이라는
답변을 기대했을 것이다.
그런데 내 마음에서는 "인생은 칠십부터야" 하는 소리가 들렸고,
저 깊은 곳에서 에너지가 솟구쳐 오르는 게 느껴졌다.
"아직도 갈 길이 멀었어. 너는 여전히 심리학 초보 학생이야."
내 안의 이 목소리가 나로 하여금 노인 행세를 못 하게 만든다.

늦바람이 무섭다고 사십 중반에 시작한 상담 심리 공부는 재미있다
못해 맛있게 느껴졌고, 30년 가까이 했는데도 질리기는커녕

알수록 더 호기심을 당기게 한다.
이렇게 정말 하고 싶은 것이 무엇인지 찾게 되자, 내 인생은 백팔십도 바뀌었다. 심드렁한 백수건달에서 공부 중독자로. 노년의 이런 내 모습이 내가 보기에도 참 괜찮다.
무엇인가에 마음이 꽂혀보라. 인생의 판이 바뀐다.

모든 잘못이
제 탓인 것 같아
괴롭습니다

"제 어머니는 독실한 신자인데 옆에서 보는 저는 답답하고,
때로 '저렇게 살아야 하나' 하는 생각마저 듭니다. 항상 모든 일을
자기 탓으로 돌리는 게 안쓰러워 보이는데, 왜 그러시는 걸까요?"

천주교 신자는 미사 시간에 '내 탓이오'라는 기도문을 올린다.
남의 탓을 하지 말라는 의미에서 생긴 기도문인데, 사실 이것은
노상 남의 탓만 하는 성격장애자에게 던지는 메시지다.
보편성을 가진 것이 아니란 뜻이다.
심리적으로 취약한 사람들에게 '내 탓이오'를 주문하는 것은
신경과민 증상을 더 악화시키는 부작용을 낳는다.
그래서 지나치게 '내 탓이오'를 하지 말라고 하는 것이다.

지나친 '내 탓이오'는 자신에게 피해를 주고,
스스로를 학대하면서 살아남는 건강하지 못한 방식이다.
상대방의 언행에 대한 책임을 자신에게 귀결시켜 죄책감에 젖어서
스스로를 괴롭히는 병적인 생존 방식인데, 자신의 상태를
객관적으로 보지 않고 무조건 자책하고 학대한다.
강박적으로 피학증적 태도를 취할 때는 어떤 사람도

그를 말리기 어렵다. 이를 병리적 피학증이라고 한다.

그런데 피학증적인 사람이 계속해서 그 상태로 있는 것은 아니다.
일정 기간이 지나면 반드시 가학적으로 상대방을 공격한다.
별것 아닌 일을 크게 받아들여 속으로 앓고 앓은 만큼 상대방에
대한 공격심이 생기고, 위축되었던 모습은 온데간데없이
극단적 공격을 한다. 참 안쓰러운 인생이다.

심문할 때 여성 피의자를 다그쳐 소변까지 지리게 만든
법조인 이야기가 있다.
가학성애자의 전형적 사례다.
잔인할 정도로 가학적 수사를 하는 사람은 대개 본인이 학대당한
아동기 경험을 가졌다고 볼 수 있다.

그런데 이들은 다른 사람에게 가학적 언행을 하면서 희열을 느끼는
변태성욕자임과 동시에 본인이 학대당하길 바라는
피학증적 성향도 가지고 있는 경우가 태반이다.
이런 상반된 감정을 가진 사람은 말로가 피폐하기 이를 데 없다.
건강하게 산다는 것은 쉬운 일이 아니다.

위로의 말을 들어도
마음은 여전히
아픕니다

"갑작스러운 사고로 가족을 잃은 분들이 계십니다. 이분들을
위로하는 사람이 '다 잊어버려요. 시간이 지나면 다 잊혀요' 하는데,
옆에서 보는 저는 선뜻 그 말에 공감이 가질 않았습니다."

공감되지 않는 것이 맞다.
여기서 위로해주는 사람의 문제점은 트라우마를 모른다는 것이다.
트라우마는 참혹한 경험을 한 사람이 겪는 심리 상태인데,
일반 상처와 달리 아주 심각한 경우가 많다.
트라우마가 생긴 사람들이 가장 괴로워하는 것은 그 참혹한 사건이
잊히지 않고 자기 의지와 상관없이 계속 기억난다는 것이다.
그리고 시간이 지났음에도 불구하고 생생하게 과거의 현장 속으로
다시 내동댕이쳐져 있음을 온몸으로 느낀다.

가끔 제삼자들이 무책임하게 말한다.
"다 잊고 새출발해. 과거는 다 흘러간 거야."
"고통이 인간을 성숙하게 만든다는 걸 믿어."
그들은 위로되지 않는 무책임한 말을 고통스러운 사람에게 던진다.
이런 말은 스트레스와 트라우마를 구분하지 못하는

무식함에서 비롯된다.

스트레스는 우리가 흔히 아는 가벼운 심리적 고통을 말한다.
이런 힘겨움은 잘 견디면 약이 되기도 한다.
치료법도 그리 어렵지 않다. 바람을 쐰다거나 사람들과 어울려
잡담을 나눠도 어느 정도는 풀린다.
심리적으로 완전히 붕괴된 상태가 아니므로
약간 손상된 부분을 손보는 것으로도 치료할 수 있다.

그러나 트라우마는 다르다.
정신의학자 정혜신 박사는 이렇게 말한다.
"죽음과 관련된 엄청난 트라우마를 겪으면 일상으로 돌아가야
한다고 아무리 말해봐야 소용이 없다. 완료되지 않고 중간에 툭
끊긴 욕구를 마음에서 충분히 완료할 수 있도록 도와주어야 한다."
가끔 재난으로 가족을 잃고 심한 트라우마를 겪는 분들에게
신앙인이랍시고 어쭙잖은 충고를 하는 사람이 있다.
상처에 소금을 뿌리는 자들이다.
그런 사람에게 해주고 싶은 말은 단 하나다.
"그 입 다물라!"

사람이 하는 말은 같은 입에서 나오는 것이더라도 내용에 따라
듣는 사람이 전혀 다른 반응을 보인다.
귀담아들을 만한 말을 하면 '말씀'이라고 하지만,

해서는 안 될 말이나 불쾌하기 이를 데 없는 말을 하면
"주둥이 함부로 놀리지 말라"는 경고를 듣는다.
자나 깨나 불조심이 아니라, 자나 깨나 입조심해야 한다.